# 事業承継はコンセプトが9割

次世代リーダーが活躍する組織を作る

弁護士 青代深雪 著

ビジネス教育出版社

# はじめに

事業承継に関して、弁護士が相談を受ける際のパターンは大きく2つあります。1つは、現社長が生きているあいだに、会社の先行きについてご相談いただく場合。もう1つは、すでに先代社長が亡くなっている状態で、後継者や相続人から「どうしたらいいでしょうか?」などとご相談いただく場合です。

さらに前者のパターンでは、依頼者が「現社長(又は会長)」なのか、それとも「後継者候補」なのかによって、相談内容が変わってきます。

現社長からは、事業承継の方法や後継者育成について、あるいは相続に関する遺言の準備などのご相談いただくことが多いです。

一方でそれ以外の方からは、「社長になったものの、会長が実権を握っていてなかなか改革が進まなくて困ります……」「何かあってからでは遅いので、もめないように早めに相続対策の手を打ってもらいたい。いい方法はないですか?」「社長に就任したものの、古参の従業員が協力してくれない」といった相談や、株式の相続について必要な事柄などのアドバイスが大半となります。

もちろん、いずれのパターンでも、当事者が切実な悩みを抱えていることは間違いありません。ですので、私たちとしてはできるだけ当事者に寄り添いながら、日々、問題解決に努めています。

ただ、そういった様々なご相談をいただく中で私が強く感じているのは、「事業承継の必要性やそのあるべき姿が正しく認知されていない」ということです。そのために、望むような事業承継が実現できなかったり、あるいはトラブルに発展してしまっているケースが後を絶ちません。

例えば、遺言がないまま先代社長が亡くなってしまい、その状態で遺産分割をしなければならない場合を考えてみます。子どもが複数人いて、その中の1人が後継者になる場合、遺産をどう分けるかの問題が生じてきます。自社株が後継者以外に分散してしまうと、議決権の問題や、二次相続、三次相続が起きていく度に株式がさらに分散してしまうリスクがあるため、株を後継者に集中させたいと希望されることが多いのですが、そうなると他の資産で相続人間の平等を図る必要が出てきます。もし保有している資産の多くが自社株や不動産だった場合、平等に分けるのが難しく、現金が不足して代償金の支払いが難しいこともままあります。また、自社株の値上がりが期待できる場合など、経営にタッチしていない相続人も自社株が欲しいと要求するケースもあります。さらに、複数の相続人が経営に携わっていて、両方が「自分こそ後継者にふさわしい。だから自社株は譲れない」と主張したらどうでしょうか。先代が生きている間は、まさにその方が「かすがい」ですが、亡くなってしまった後に、問題が表面化します。

あるいは、「お父さん（社長）が急に亡くなってしまい、残された家族にも実態がわかりません。どうやら事業の借金がかなりあるようなのですが、でも自宅は手放したくないし……」などの相談を受けることもあります。そのような場合、残された家族や従業員などの関係者は、多大な心労を抱えることになります。

いずれのケースも、話し合いでうまくまとまればいいのですが、なかなか厳しいのが実情です。相続は「お金」の問題が絡むこともあり、本人だけでなく、周りの親族の思惑も絡むため、話し合いがうまく進まないケースも多いのです。また、相続人自身も想像していなかったような新たな事態が生じ（例えば、家族が重い病気になり、まとまったお金が必要になったなど）、自分でも思いがけず「譲れない」という心境になり、話し合いが決裂してしまうこともあります。これが、いわゆる「争続」の実態であり、最終的には裁判沙汰になることもあります。

そのような事業承継に関するお悩みを回避するにはどうすればいいのか。そのためには何が必要なのか。本書は、そのような発想から生まれました。事実、あらかじめきちんと対策を講じておけば、事業承継や争続の問題は未然に防ぐことができます。

そしてそのために欠かせないのが、事業承継における「コンセプト」です。このコンセプトという発想と、そのための具体的な設計方法についてお伝えしていくことが本書の主眼となります。

## 会社の発展や成長を担う事業承継

冒頭で弁護士が受ける事業承継の相談には、大きく2つのパターンがあるとお伝えしましたが、実際には大半が先代社長が亡くなってからご相談いただくパターンです。

なぜそうなってしまうのかと言うと、やはり、社長が生きているうちに何らかの対策を講じてこなかったのが原因です。そのために無用な争いやトラブルが生じ、個人の生活や、時には会社の存続にまで影響を与えてしまうことがあるのです。

事業承継の本旨から考えると、それはまさに本末転倒です。本来、事業を着実に次世代へと引き継いでいくことが「事業承継」であり、そこには当然、会社の発展や成長の可能性も含まれています。

例えば、日本を代表する企業であるトヨタ自動車の場合で考えてみましょう。社長の交代が会社の存続そのものに影響を与えることは考えにくいのではないでしょうか。むしろ、事業承継の準備を着実に行うことで、次世代の発展を見越した社長交代が行われています。

そこには、継続企業の前提としての「ゴーイング・コンサーン」という発想があります。「会社を後世に残していく」という使命感のもと、後継者の育成や社内体制の強化、あるいは資本政策も含めた準備が、当然のごとく実施されているのです。

一方で、非上場企業が事業承継に悩まされたりトラブルに巻き込まれたりするケースでは、事前の準備がほとんど行われていません。また、そのための意思決定に必要なコンセプト、いわゆる理念やビジョンなどが共有されていないか、あるいは策定されていないこともあります。

その結果、先代が亡くなってから慌てて準備することとなり、弁護士を始めとする専門家に「どうすればいいでしょうか？」と相談することになるのです。もちろん問題解決には全力を尽くしますが、裁判にまで発展するようなことになればすべての関係者が苦労することになります。

とくにご家族の方は、高額な相続税を10か月以内（被相続人が死亡したことを知った日「通常の場合は、被相続人の死亡の日」の翌日から）に納めなければならず、その準備に加え、後継者がいない場合はM&Aや廃業を検討しなければならなかったりと、非常に困難な事態に巻き込まれてしまうケースが多いのです。

本来、会社を次世代に引き継ぎ、より発展させるための事業承継が、存続の危機やトラブルの引き金となってしまう。そうした状況を改善しなければ、企業の未来は暗いままです。だからこそ、とくに日本企業の大部分を占める中小企業の経営者には、あらためて事業承継における準備の重要性をお伝えできればと考えています。

## ◉──事業承継に欠かせない「コンセプト」

ただし、現役の社長が何もしていないのかと言うと、もちろんそうではありません。むしろ、自分の力で会社を成長させるべく、日々、経営に邁進しているのが実情でしょう。つまり、「本業にかかりきりになっている」のが今の中小企業の経営者の姿かと思います。

たしかに、経営者が自ら、いわゆるトップセールスのようなかたちで活躍することも企業の発展のためには必要な時期があるでしょう。個人の生活を顧みず、会社や従業員のことを考えて働く日本の経営者の真面目さは非常に尊いものですし、成長の原動力にもなります。

一方で、いつまでもその状況を続けることで、そうした努力が結果的に会社の寿命を短くしているとしたら……。あるいは、事業承継の問題を生むきっかけになっていたとしたら……。一度、立ち止まって考えていただくことが大事です。その上で、必要な行動をとるべきです。

必要な行動とは、まさに本書が提示する「事業承継の準備」です。とくに私は、コンセプトに基づいた事業承継の準備を、できるだけ早期にはじめることを推奨しています。それが結果的に、会社を未来へとつなげることになるからです。

会社が存続し、成長・発展を実現できれば、従業員や顧客はもちろん、取引先を含むステークホルダーや社会全体としても良いことです。そうした継続のために必要な行動をとることは、本業の経営に含まれる、社長の重要な責務ではないでしょうか。

しかも事業承継は、適切に行うことで様々なメリットがあります。詳しくは第一章で紹介していますが、現状はその点があまり周知されていません。他方で、事業承継の準備を進めましょう、と提言すると、「会社を追い出される」「居場所がなくなる」「手間とお金だけかかる」などのネガティブなイメージが先行しているようです。それは非常に残念なことです。

繰り返しになりますが、事業承継は本来、企業の発展や成長の可能性を内包しています。それはすなわち、当事者である社長や後継者、その家族、あるいは従業員の幸せにもつながっていると言っても、決して過言ではありません。

そうした理解があってはじめて、「じゃあ何をすればいいのか?」「いつはじめればいいのか？」という視点が得られます。それを本書では、「今すぐに」「コンセプトを決めることからはじめましょう」とお伝えしています。

中でも、経営者にとって重要な仕事は、次世代のリーダーを育てることです。この場合の「リーダー」には、後継者（次の経営者）だけでなく、部課長など、会社の未来を支える様々なリーダー的人材が含まれています。

そうした人材を育てることで、会社は次世代へと引き継がれていき、成長・発展を実現できます。そこまで考えて経営に従事できるかどうかが、現役社長には問われているのです。目の前の売上やコスト削減も大事ですが、「次世代のリーダーの育成」なしに企業の継続は実現できません。

## ◉――理想的な事業承継を実現するために

そもそも、なぜ中小企業の現役経営者の多くは事業承継の準備をしないのか。理由は様々ですが、私が現場で事業承継問題に直面して感じるのは、その必要性やメリットを認識していないこと、とくに法人（会社）と個人（現経営者）を一緒くたに捉えているために、なかなか踏み切れないことが一因としてあると考えられます。

そうした問題に対処するためには、次のような理解が必要となります。

1. 事業承継のメリットを把握すること
2. 正しい事業承継のあるべき姿を理解すること
3. 必要な対策について理論・実践の両面から学ぶこと

とくに本書では、第一章で「事業承継のメリット」を紹介し、第二章と第三章で「事業承継のあるべき姿」について、さらに第四章と第五章とで「必要な対策」を理論と実践、および具体例などから幅広く紹介しています。

そのため本書をお読みいただければ、自ずと事業承継の準備に対する優先順位を上げていただけると信じています。しかも、すぐに実践をスタートできる内容なので、忙しい経営者や後継候補者の方、あるいは関係者にもお役立ていただけるはずです。

もちろん、会社の状況によって個別の事情は異なります。経営者の現状、後継者の有無、経営状態など、それによってやるべきことも異なります。優先順位も変わってくるでしょう。

ただ、そのすべてに対処するために欠かせないのは、通底するコンセプトです。この場合のコンセプトとは、端的に表現すると「会社をどうしたいのか?」という共通認識です。それを策定し、社内外で共有しておくことが、ブレのない事業承継につながります。

コンセプトのない事業承継は、遺言が用意されていない相続のように、明確な方針がありません。方針がないと、残された人々が一から対処しなければなりません。ただそこには、それぞれの利害関係が含まれており、それがトラブルの元になります。

会社を次世代に引き渡し、成長・発展させるための事業承継が、関係者間の泥沼の闘争に発展してしまう。それは誰も望んでいないことでしょう。そうした事態を未然に防ぎ、事業承継本来の利点を最大限得られるようにするために、本書はあります。

事業承継に関するテクニカルな情報に関しては、インターネットや他の書籍でも収集できます。ただそこには、経営者や後継者の方が一歩を踏み出せるような、その利点や必要性を訴求する情報が欠けているように感じます。また中には、難解かつハードルが高い内容も含まれています。

その点、本書では、事業承継の利点や必要性をきちんと解説しながら、「コンセプト」を中心にした事業承継の推進にフォーカスし、読者の背中を押すお手伝いができるよう心がけています。ぜひ、わくわくしながら最後まで読んでみてください。

本書を通じて一人でも多くの方がトラブルのない、理想的な事業承継を実現できたとしたら。著者として光栄に存じます。

弁護士　青代深雪

## 本書におけるコンセプトとは？

本書は事業承継を中心とした経営課題について、コンセプトがどのような機能を果たし、どれほど重要なのかを議論します。

本書におけるコンセプトについては、特に5章の「事業承継は『コンセプト』で決まる！コンセプトの作り方と活用法」で詳しく解説しています。しかしながら1～4章にもコンセプトという言葉が多数使われていますので、ここで定義しておきます。

## 本書においてコンセプトとは

「会社を通して実現したい価値観や思想。世の中に認知されたい会社のあり方」

と定義します。本書におけるコンセプトとは、経営理念、ビジョン、信念、信条、ステートメント等を包含し、会社のあり方を定めるものです。あり方とやり方は違います。あり方の共通認識があって、初めて方法論（やり方）を論じることができると考えています。

この会社のあり方こそが、本書におけるコンセプトです。

事業承継　目次

第2章　誤解だらけの事業承継

第3章
# 法的に考えると見えてくる！事業承継の本質とは

第4章

# 事業承継の事前準備

第5章

# 事業承継は「コンセプト」で決まる！コンセプトの作り方と活用法

第6章

# こんなときどうする？・事業承継の成功と失敗（事例集）

# 第1章

# はじめないのはもったいない！
# 事業承継7つのメリット

事業承継の7つのメリットを紹介する前に、ある会社の事業承継事例をお話しせていただきます。準備が不十分であったため、痛みが伴う結果となりましたが、事業承継は成功しました。現在では、順調に経営を進めていらっしゃる株式会社西尾硝子鏡工業所の西尾智之社長にお話を伺いました。

〈事例〉

## 紆余曲折を経て。事業承継の成功事例

## ●──事業承継の背景

「株式会社西尾硝子鏡工業所（東京・大田区）」が創業したのは、１９３２年（昭和7年）のことでした。現在の社長は、二代目社長のご子息である西尾智之さん。智之さんが社長に就任したのは２０００年ですが、その前後には、事業承継にまつわる様々な困難がありました。

智之さんが同社に入社したのは26歳のときのこと。当時53歳だった二代目社長が亡くなり、その奥様である豊子さんが社長を引き継いでいたのですが、商社でサラリーマンをしていた智之さんも会社を辞めて共に働くこととなったのです。

智之さんは次の社長として入社したわけですが、事業承継の準備がなされていたわけではありません。彼自身の言葉によると「赤ちゃんが突然砂漠にほっぽり出され、砂を食べて吐いて、灼熱の太陽を浴びながら何とかそのまま生きてきた」という状況だったそうです。

専務として入社したものの、しばらくはひたすら仕事を覚えるだけの日々。「社内で認めてもらいたい」「成果を出したい」などの思いが混在する中、とにかく必死に働いていたのが事業承継当初の風景でした。

従事していたのは、営業をはじめとする顧客の獲得。豊子さんは財務などの内部を見ていたため、互いに役割分担をしながら7年ほどのトレーニングを積みます。その頃の社員数は31名で、智之さんが最年少。技術ではとても敵わないため、「自分には何ができるのか」を考え、営業以外にも配達から納品までできることは何でもしたそうです。

そのような努力に加え、当時の社長（智之さんの母）からは「この会社に新しい風を吹かせてほしい」と言われていたこともあり、対外的に評価されていた技術面だけでなく、新規開拓や新規事業の創造、あるいはビジネスモデルの策定にも着手していきます。

他方で、社内の「施工部隊」で働いている人からは、お客様のために土日や時間外も働いているのにもかかわらず、功績が十分に認められていないなどの不満も聞いていました。そのような人を積極的に手伝い、売上を伸ばすこともできました。しかし今度は、もう1つの部門である「工場」の人から陰口を叩かれてしまうなど、辛い立場での日々が続きます。

社長就任までの修行時代を振り返ると、そのような心労に加え、交友関係やプライベートも犠牲にしなければならず、厳しい状況であったと智之さんは語ります。若くして急に会社を任される立場になったなど、同様の苦労を味わっている経営者の中には、共感できる方も多いのではないでしょうか。

## 会社の「仕組み」づくりに奔走

中小企業によくみられるガバナンスの未整備も同社の課題でした。もちろん、それぞれの立場から従来型の管理はなされていたものの、いわゆる「番頭さん」が自主的に仕切るかたちで社内が回っていたそうです。先々のことを考えると、各部門が自然にまわっていく状態ではなく、組織としての体制を整備する必要があったのです。それも、事業承継をきっかけとして変えていくべき事柄でした。

2000年になると、母からバトンタッチされるかたちで智之さんが社長に就任。

33歳のことでした。バブル崩壊の余波もようやく落ち着き、会社も有限会社から株式会社に改めて再出発です。ただ、施工の人達とは仕事のやり方でぶつかってしまい、残ったのは一人だけ。皮肉にも、陰口を叩いていた工場の人達が残ってくれていました。

とくに、20代の若い社員が3名ほど残っていたこともあり、それが新社長の希望となります。これからの会社を担う若手社員が支えてくれたことによって、どうにか会社を成長させてこられたと智之さんは語ります。

さて、そんな智之さんが社長になって最初に着手したのは、人事や労務関係の整備でした。それまでは就業規則などがきちんと機能していなかったため、社員が安心して働けるような環境づくりに取り組んだのです。同時に、自分がとった仕事を自分でこなすような体制も変えなければならないと感じていたそうです。

そこで彼は、セミナーなどを通じて組織の仕組みづくりを熱心に学びはじめます。様々な企業の事例を見てみると、カリスマ経営者でも、そうでなくても、社内がまとまっていることもあればまとまっていないこともあることを知ったのです。

そのような学びを通じて体感したのは「仕組み」の重要性でした。つまり、仕組みを整えることで労務環境を整備するべきだと考えたのです。中でも特筆すべきなのが、絶対評価型の「評価シート」を使用し、他人と比較することなく社員一人ひとりの過去と未来を見るようにしたことでした。

評価シートによって社員の状況を見ていくと、その人の1年後、2年後といった先々への目標や希望も伝えられるようになります。それを事業計画書に落とし込んでいけば、会社の未来も見えてきます。加えて、各社員の考え方やどうしたいのかも収集できます。

そうして2002年、最初に作成した事業計画書は実に100ページにもなりました。それを年末に、社員の前で発表します。ただ、社員らは「何かすごいことをやるんだね」といった反応しかなく、あまり響かなかったそうです。

それでも、経営の仕組みづくりに着手したことは大きな変化となりました。そうして智之さんは、引き続き学びと実践を継続していきます。

## ◉――どうしたら思いを伝えられるのか？

事業計画書の作成を通じてとくに重視していたのは、「自分の思いを伝える」ということ。ただ、数字やロジックの部分がまだ不十分であり、聞いている方もイメージしにくかったのかもしれません。

また、数字を盛り込むようになった後も、具体的に誰がどういう行動をとることでそれが達成できるのかが明確になっておらず、踏み込みが甘かったと智之さんは振り返ります。そうした状況が5～6年ほど続きます。

もっともその頃は、都内各地で再開発が進み、仕事自体は順調でした。しかし2008年のリーマン・ショックによって状況が大きく変わります。売上は実に55％も減少。会社は2009年度から3年連続赤字になり、「キャッシュフローをどうするか……」というときになってはじめて、数字を強く意識するようになったそうです。

そうした状況では、いくら社員に事業計画を話しても聞いてもらえません。むしろ社員からは、「会社が潰れるんじゃないか」「それより給料をあげてくれ」などと、それぞれの立場からしか意見を言ってくれません。厳しい状況なので仕方ない部分もあるのですが、智之さんは非常に悩んだそうです。

そのときに出会ったのが「組織開発」という発想でした。彼は当時を振り返り、「組織開発が私の運命を180度変えました」と語ります。

本来であれば、帝王学を含めた組織開発やリーダーシップ、経理、戦略などの経営に必要な事柄は、後継者育成の中で行われるのが望ましいでしょう。しかし、それができていないと、走りながら学ぶしかありません。

智之さんもまた、経営者としてピンチや試行錯誤を重ねながら、組織開発へとたどり着くこととなりました。それまでは自己流ということもあり、頑張れば頑張るほど、会社が〝成長〟ではなく〝膨張〟してしまっていたのです。つまりコストの増大です。コストを増やしながら会社が成長していると、売上が減少したときに損失が一気にのしかかってきます。そのような経営状況が、リーマン・ショックによって明るみになりました。28名のうち、苦しみながら4人のリストラも断行。

「これまで受けたセミナーや研修はほとんど身になっていない」。そう思ってテキストが詰まったダンボールを床に叩きつけたとき、底が破れ、たまたま開いたページに書いてあったのが「会社は続けていくことが重要」という言葉でした。会社を長く続けることによって社員も安心して働ける。そうしてはじめて、自分が目指す世界を築ける。

それを見て彼は、「自分は何もわかっていなかった……」と感じ、泣きながら、変わろうと決意したのです。

## 会社を変え、社員との距離を縮めていく

その後に智之さんがまず行ったのは、社員に対する謝罪でした。みんなの前で「今までの自分は間違っていた。会社の体質を変えて、みんなを守れるように心を入れ替えますので、引き続きよろしくお願いします」と語ります。

それでも半分以上の人は信用してくれなかったそうですが、事業計画の発表会を続ける中、2012年には意を決して「4年連続の赤字は絶対にない。もし1円でも赤字になったら、その段階で会社をたたみます」と話したのです。

それを聞いて慌てたのはわずか一人だけ。あとの社員は「そうは言っても社長がなんとかしてくれるだろう」と考えていたようです。それだけ社長と社員の心が離れていると、いくら夢を語っても聞いてくれません。目の前のことしか考えてもらえないのです。

だからこその組織開発だったのですが、戦略や計画の遂行には相互理解とそのためのベース（土台）となる関係性が不可欠です。コンサルタントからも「これはあなた自身のあり方の問題です」と言われ、本腰を入れるようになります。

では、具体的に何をしたのか。

当時、創業家の人間としては、前社長である母が会長、叔父が工場長をしていました。ただ、その人達と社員の考え方には大きな乖離があったようです。そのため社員は「この人達には何を言っても無駄だ」と諦めていたのです。そうなると、お金のつながりにしかなりません。言い方を変えると、そこには社員にとっての「心理的安全性」がなかったのです。

だからまず、それをつくることに尽力します。具体的には、社員が言いたいことをきちんと言える雰囲気づくりです。

そのためにしたのは、社員の中から幹部を選出すること。実際には各部門において幹部と副幹部を選びました。その上で、会長と工場長と話し合い、勇退してもらったのです。その間、わずか一ヶ月でした。

内容としては、各々に「幹部を社員から育成するので、勇退してもらいたい」と伝えました。「無理だからやめたほうがいい」「傷つくだけだよ」などとも言われたのですが、それでも「今年も赤字になったら潔く廃業する決意です」と伝えると、「そこまでの決意ならわかった。でも家族なんだから、困ったらちゃんと言いなさいね」と言われ、決断してくれたのです。

一方で社員の人選に関しては、工場からは2人、施工から2人、営業から1人を選出。女性や若手も積極的に登用し、異業種から来た人でも活躍できる場をつくりました。ただし、工場に関しては「現場経験がある人」「お客様と接点があり業歴が長い人」「腕がある人」という視点で選んだそうです。

ただ、彼らにとっては一年で結果を出さなければならず、それだけに覚悟がいる人選となりました。

## ◉──コンセプト共有のための土台づくり

最初のうちは、軋轢やぶつかり合いもありました。それでも、コンサルタントからの指導を受けて、「そこで社長がキレたらダメですよ。きちんと相手の話を聞く姿勢をもってください」「それぞれの立場から物を言うのではなく、全体を俯瞰して意見してください」などとアドバイスされながら、少しずつお互いに距離を縮めていきます。

その過程で大きく変化したのは、自分たちが言いたいことを言えるようになったこと。以前はそれができていなかったために、社内に諦めムードが漂っていたのでした。それでは事業計画や戦略も伝わりません。それが徐々に変わりはじめたのです。

2013年には2泊3日の全体合宿を実施。そこでは各自、「会社への不満」「自分にできると思うこと」「それを早く行うには誰の力が必要か」などの事項を模造紙に書いてもらいます。それを全部張り出してみる。そうして大量の不満が集まるわけですが、改善方法は出てこないことがわかります。当然、社長としては腸が煮えくり返る思いですが、ぐっと堪えてまず受け入れる。そのようにして、社員全員でベクトルを合わせていったのです。

印象的だったのは、智之さんと最も敵対していたある職人さんの言葉。彼は「自分が目指したいのは、売上が50億100億の会社じゃなくて、小さくても良いから自分が成長できる会社なんです」と書いていました。そのキーワードが智之さんの心に突き刺さります。それがきっかけで、どういう会社にしたいのかが明確になってきたのです。

また社員らも、社長が話を聞いてくれるようになったことで、意見を言えるようになりました。智之さんとしても、話を聞かなかったり言い返したりすると、その時点で意見が出てこなくなることを実感したためです。そうして社内が変わっていきます。「きちんと受け止めて、相手の目を見て話を聞く。そうした工夫を重ねていくことで、一線を越えられたと思います。社内も不満ではなく、プラスの意見が出てくるようになり、会社はどんどん変わっていきました」。まさに彼は、心理的安全性をつくり出すことができたのです。

そうした土台をきちんとつくった上で、同じベクトルを共有する会社は強い。それを自分の会社で実現できたと実感したとき、智之さんは非常に感動したそうです。社員全員に頭を下げて、「本当にありがとう。一緒に仕事をしてきてこんなに幸せなことはない」と伝えると、それを聞いた多くの社員も涙を流していたそうです。

そのようにしてようやく、社員全員が一丸となって同じ方向を見られるようになりました。あとは、そのための指標であるコンセプトの策定と共有を行っていくだけです。

## 会社の将来を言語化し、具体的な行動に落とし込む

会社としては2012年に創業80周年を迎えていたこともあり、その際に「20年ビジョン」を作成していました。その中で、創業100周年を迎える2032年、ちょうど智之さんが65歳になる頃に自身の引退と「3つのこと」を目指すと掲げています。

その3つとは、「圧倒的なブランド力の確保」「海外進出」「後継者を育成して事業承継する」ことです。これらを、次のように詳細な行動計画として定めて、その実現を目指しています。

・ブランド力：1人当たりの営業利益を業界平均の1.5倍以上にする
・海外進出：完成品を作って海外（とくにアジア地域）に進出する
・事業承継：最初の10年で基礎をつくり、後の10年で権限を委譲する

2022年の段階で言わば折り返しとなりましたが、とくに苦労しているのが、やはり3つ目の「事業承継」とのこと。幹部研修なども行っているものの、そこで学んでもらったことをどう社内でアウトプットしてもらうかの道筋が不十分と感じているそうです。

そうした中で機能しはじめているのが、経営に関する「持続可能プロジェクト」です。社内に5つのプロジェクトを立ち上げ、通常業務と並行するかたちでいずれかのプロジェクトに参画してもらい、そこでの活動によってリーダーシップや目標達成力を養えるような仕組みを導入しているのです。

これらはすべてサステイナブルなテーマで、具体的には「環境整備・生産性改革」「健康経営」「BCP（事業継続計画）の検証」「サンクスカード」「SDGs」となり、い

ずれも3～4人で構成される部門横断型の組織集団となります。また、どのプロジェクトにも必ず一人は女性が入るように工夫しており、その点においてダイバーシティにも配慮しているのがわかります。

各プロジェクトでは、年間の目標を掲げ、最終的にはその成果を発表する場を設けています。そのために、毎月定例ミーティングを行いながらPDCAサイクルを回し、例えば「健康優良法人の認定を受ける」など、明確な目標を達成しています。また、そこでの承認や称賛が自信にもつながっているそうです。

一方で、掲げる目標が不明確だと、目に見える成果があげられません。それは経営と同じです。そのため社員らは、プロジェクトの中でリーダーシップや目標達成スキル、あるいは自主性やプレゼンテーション能力を養いながら、目標設定や活動自体の精度を徐々に高めています。

## ◉ 意思の疎通とコンセプトの共有

会社の方針を決めるのは社長の仕事です。ただ、それを社員が実行し、最終的には達成できるようにしなくてはなりません。そこには社員のエンゲージメント、あるいは明確な目標と達成が必要となります。そうした空気を社内に醸成することが社長の仕事でもあるわけです。

その点、智之さんが行ってきた工夫、とくに試行錯誤を経ながらプロジェクトの立ち上げと全社員参画の仕組みを構築できたことは、社員に「自ら参加してもらう」「意見を言ってもらう」ことにつながっているようです。

しかもそこでの活動が、継続的な目標達成や成功体験を生み出しています。どんな内容の目標であっても、それを達成し、成功を積み重ねていく経験が社員のモチベーションとなります。それが社内の雰囲気をも変えていく好循環となるのです。

誰が、何を、いつまでに実行する。たとえスケジュール通りにいかなくても、修正しながらプロジェクトを進めていく体験が、人を育て、会社を成長させていきます。

プロジェクトやチームでの活動が、社内における横のつながりをも育んでいきます。インプットするだけでなく、それをアウトプットするための仕組み。それが、紆余曲折を経て、これまで抱えてきた事業承継の問題を一歩前進させています。未だ道半ばではあるものの、未来は徐々に見えはじめています。

それぞれのリーダーが育ちつつある中、将来の幹部やリーダーについての展望も膨らんでいるとのこと。社長を除く幹部のうち、最も成長している人、とくにコミュニケーションスキルに長けている人がふさわしいのではないかと彼は語ります。

その理由は、これまでの成長過程を振り返ってみたとき、やはりコミュニケーション量が圧倒的に増えたことで会社が変わったと感じているため。社員の話を聞くことで、積極的に意見をもらえるようになり、さらにこちらの話も聞いてもらえるようになったのです。それが会社を大きく変えました。

そうして「私たちは何をするのか」「どこへ向かっていくのか」というビジョンやコンセプトをしっかりと共有できるようになり、社員一丸となって前に進むことができたのです。そこに、事業承継における最大の要諦が含まれていると思われます。

参考：https://www.nishio-m.co.jp/company/history/

事例の中でも見てきたように、事業承継には大変な部分も少なくありません。しかし一方で、それらを上回るような各種〝メリット〟がたくさんあります。

とくに本書では、それらの利点にフォーカスすることで、事業承継のイメージを変えていきたいと考えています。具体的には、よりポジティブな側面を前面に出し、一歩を踏みやすくしていきます。

そもそも事業承継は、現社長、後継者、従業員や取引先、そして何より会社の存続において必要不可欠な活動です。しかし実際は、なかなか着手されずに後回しになっているケースも多いのです。

そこでここでは、あらためて事業承継のメリットをいくつかピックアップしてみましょう。代表的なのは次の7つです。

〈事業承継の7つのメリット〉

1. 会社の方針が明確になる（さらなる発展）
2. リーダー・後継者が育つ（事業の継続）
3. 社長の負担が減る（スキルを言語化・仕組み化できる）
4. 「争続」の発生を未然に防げる（トラブル回避）
5. 役員、従業員との対話が深まる（社内が一丸となる）
6. 金融機関や取引先の信頼を獲得できる（外部とのコミュニケーションができる）
7. 家族との絆が深まる（事業について、これからについての会話が増える）

---

## 1. 会社の方針が明確になる（さらなる発展）

1つ目は「会社の方針が明確になる」です。

とくに、本書で提案する事業承継の方法は、まず会社のコンセプトを明確にすることからスタートします。それを後継者や社員らと共有することによって事業承継を進めていきます。

その結果、会社の方針をもとに「これから先、会社をどうすればいいのか」が見えてきます。具体的には、リーダーや後継者の育成、組織化など、会社を発展させる道筋を検討できるようになるのです。

そのきっかけを与えてくれるのが事業承継です。つまり事業承継は、単なる「社長交代」ではなく、ともに会社の将来を見据え、未来をつくっていくための足がかりとなるのです。

## 2. リーダー・後継者が育つ（事業の継続）

2つ目は「リーダー・後継者が育つ」です。

会社の指針となるコンセプトが明確になると、次世代のリーダー・後継者についても自然とイメージしやすくなります。なぜなら、そのコンセプトを引き継いで事業を担ってくれる人こそ、リーダー・後継者にふさわしい人材だからです。

そうした指針がないままに社長交代だけ行ってしまうと、相互の認識がズレてしまったり、会社の方向性にブレが生じたりなど、トラブルに発展するケースも少なくありません。

そうした事態を避けるためにも、コンセプトをもとにリーダー・後継者を育成することが求められます。その結果、現経営者や既存社員の属人的なスキルに頼ることなく、会社を組織化し、より発展させることが可能となります。

## 3. 社長の負担が減る（スキルを言語化・仕組み化できる）

3つ目は「社長の負担が減る」です。

現社長にとって、事業承継は「自分が社長ではなくなる」「交代させられる」など、ネガティブなイメージを抱きやすい課題です。ただそれは、事業承継の一要素に過ぎません。

そもそも事業承継の本質は、会社を存続させるための行動をとることにあります。

たとえば、会社を組織化したりリーダーを育成したりなど、必要な行動をとること自体が事業承継の本質です。

その過程で、現社長のスキルを言語化し、仕組み化することができれば、負担は大きく軽減できます。あとは、必要なタイミングを捉えつつ、社長の交代も視野に入れておけばいいのです。

こうした事業承継の本質と全体の流れを踏まえておくことが大切です。そしてそれらは、会社のコンセプトを軸に行われていきます。

## 4.「争続」の発生を未然に防げる（トラブル回避）

4つ目は「『争続』の発生を未然に防げる」です。

本書でもさまざまな角度から取り上げていきますが、中小企業における事業承継は相続問題とも絡みやすく、そのため親族間での争いに発展する「争続」につながりやすい傾向があります。

ただその原因は、事前に準備を進めていないことが大半です。裏を返すと、あらかじめ会社の将来を踏まえて準備を進めていけば「争続」は自ずと避けられるのです。

「争続」を避けることは、現社長にとってはもちろん、後継者や親族にとっても望ましいことでしょう。そのきっかけとなるのが事業承継であり、そのための準備をいち早くスタートすることが重要です。

## 5. 役員、従業員との対話が深まる（社内が一丸となる）

5つ目は「役員、従業員との対話が深まる」です。

本書が提案する「コンセプトを軸にした事業承継の進め方」では、明確にしたコンセプトを社内外で共有していきます。そうすることで、すべての関係者が会社の行く末を意識できるようになります。

ただし、定められたコンセプトを共有するのは決して容易ではありません。「会社のコンセプトはこうです」と伝えるだけではなかなか浸透しないのです。

そこで必要なのが対話です。役員や従業員との対話を通じてコンセプトを伝えていくことが、事業承継の確度を高めていきます。その過程で、傾聴や密度の濃いコミュニケーションへの工夫など、会社運営に必要な人間関係も養われていきます。

そうして、社内が一丸となっていくのです。

## 6. 金融機関や取引先の信頼を獲得できる（外部とのコミュニケーションができる）

6つ目は「金融機関や取引先の信頼を獲得できる」です。

金融機関や取引先など（いわゆる「ステークホルダー」）は、取引をする相手の行く末を気にしています。つまり、「今後も安定的に取引できるかどうか」を常に気にかけているのです。

その点、会社の存続を踏まえた事業承継について注視しているのは当然でしょう。それがなかなか進まないと不安になりますし、それはすなわち会社の信頼にもつながります。

そこで、あらかじめコンセプトを明確にしたうえで「このように事業承継を進めている」と提示できれば、より信頼を獲得しやすくなるでしょう。

事業承継をきちんと進めておくことは、そうした点からも会社に貢献してくれるのです。

## 7. 家族との絆が深まる（事業について、これからについての会話が増える）

7つ目は「家族との絆が深まる」です。

「争続」を避けることにもつながるのですが、コンセプトが明確になると、それをもとに会社のことを周囲に話しやすくなります。それは社内や関係者だけでなく、家族に対しても同様です。

中小企業を経営している方の中には、会社について家族と話をしない人も多いかと思います。しかしそれでは、もしものときに困ってしまいますし、なにより相互理解が深まりません。

そこでコンセプトを明確にしておけば、「会社はどこを目指しているのか」「これから先どうなるのか」などを話しやすくなります。その結果、家族との絆も深まっていくのです。

このように、事業承継にはさまざまなメリットがあります。よくあるマイナスイメージにとらわれることなく、ぜひポジティブな側面に着目してみてください。

そうすることで、一歩を踏み出しやすくなるでしょう。次章からは、事業承継の正しい捉え方について、視点を変えながら詳しく解説していきます。

# 第2章

# 誤解だらけの事業承継

本章では、しっかり準備を行ったにもかかわらず大きなトラブルに発展した事例を紹介します。トラブルに発展した原因を端的にまとめるならば、事業承継のコンセプトが先代の社長と新社長の間で共有されていなかったことです。

「事業承継のコンセプト」という言葉がピンときていない人にとっても、そういうことか！とご理解いただける事例となっています。

そして円滑で円満な事業承継とするべく、事業承継の本質についてご説明します。

〈事例〉

# 後継者に株をすべて譲渡してしまった事例

本事例では、先代社長が事業承継の重要性を熟知しておりました。そのため、自分が元気なうちに後継者を見つけておき、株を譲るところまで考えて行動していました。通常、事業承継の準備としては、ここまでできていれば十分とも言えそうです。しかし、トラブルはその後に発生します。私のもとを訪れたときには、「後継者である甥が勝手にM&Aを進めてしまって、事業を売却するというんです」とのことでした。

先代も会長として会社に残ってはいたのですが、すでに株を渡している状態であったため、新社長が会社の売却を独断で判断してしまったそうなのです。会長としては、そういうつもりで事業承継したわけではなかったため、頭を抱えてしまいました。

さて、本件の問題は、株をすべて渡してしまったこともそうなのですが、それと同時に事業承継に不可欠な「コンセプト」の共有を行っていなかったことが挙げられます。

つまり、どのような理念のもとに会社を引き継ぐのかを伝えられていなかったのです。

いくら事業承継の準備を早くから進めていても、それが社長の交代や株の譲渡などの「手続き」にとどまっている場合、こうしたトラブルにつながることがあります。

そこには、前提としてのビジョンや理念、つまりコンセプトの共有が欠けています。後継者の方としては、自分でよく考えた上で「売却した方がいい」との結論に至りました。ただ、そこには先代との意思疎通がありません。コンセプトを共有していないために、自分だけで考えて自分だけで決めてしまったのです。

先代が大切に育ててきた事業であっても、そこにコンセプトの共有がなければ、後を継いだ二代目が「このままではやっていけない」「大手に引き継いでもらったほうが雇用を維持できる」などと考えるのも無理はなく、また、それが間違いと決めつけることもできません。

事業の将来性、あるいは効率化や合理化などから考えても、そうした結論に至るのは自然なことかもしれません。そのときに先代が「そういうつもりではなかった」「こんなことなら事業承継なんてしなければよかった」と思ってしまうのは、事業承継の軸となるコンセプトが共有されていない証拠なのです。

その先にあるのは、「自分がつくった会社を無断で他人に渡すなど許せない！」「親父（先代）は現実を見ていない！」などの感情論です。事前にきちんと話し合いをし、会社の将来をともに決めていないと、こうした結果になりかねません。

本来であれば、前もってコンセプトの共有をしておくことに加え、意見がなかなか一致しないようであれば株式の所有割合を工夫する、会社の重要な意思決定を左右することができる黄金株（種類株式）を作るなど、何らかの対策を講じておく必要があります。そのように、事業承継全体を見据えて行動することが大事なのです。

ただ、このようなトラブル事例は、思いの外たくさんあります。最終的には裁判にまで発展し、いわゆる「プロキシー・ファイト（委任状争奪戦）」のように、どちらがどれだけ味方の株主を集められるかという争いになることもあります。

そうなると、親族内でのいがみ合いにまで発展することもあります。それは、先代社長と後継者、あるいはご家族の方にとっても望ましいことではないでしょう。このように事業承継の失敗は、当事者以外にも大きな影響を及ぼします。

決着としての法律上の判断は、あくまでもルールに則ったものでしかありません。そこで決まったことを、お互いが納得し、もとの関係性に戻れるとは限りません。むしろ、事業には直接関係しない人間関係にまで被害が生じることも多いのです。

そうならないよう、手続き的な部分だけでなく、あらかじめ事業承継の本質を理解しておくこと。とくに、その前提となるコンセプトの共有がいかに大切なのかを、先代と後継者の双方が認識しておくべきなのです。

## ◉——事業承継が上手くいかない理由とは

第二章では、「誤解だらけの事業承継」と題し、事業承継における考え方や捉え方について見ていきましょう。事例でも見てきたように、事業承継においてはテクニカルな情報も大切なのですが、それ以外にも重要な要素がたくさんあります。

事実、書店に行けば、事業承継に関する本がたくさん並んでいます。専門書だけでなく、一般向けにわかりやすく解説されている書籍も多く、またインターネットを通じてそういった情報を収集することもそう難しくはありません。

しかし実際の現場では、「事業承継がうまくいかない」「トラブルが発生してしまった」「本に書かれている内容と会社の実情がマッチせず、何から手をつければよいかわからない」などの相談が後を絶ちません。その理由はどこにあるのでしょうか。実は、テクニカルな情報の裏には、様々な誤解が潜んでいます。

例えば、事業承継の全体像を理解していなかったり、法律的な知識が欠けていたりなど、手続き的な部分以外にも落とし穴があります。そのため、「これでうまくいくはず」と思っていても、トラブルに発展することが少なくありません。

たしかに正しい手続きも重要なのですが、とくに事業承継には、お金や権利の問題や、当事者や社員・家族の思いも深く絡んできます。そのため、現社長と専門家が手順に沿って粛々と取り組んでいけばそれで万全、とは限らないのです。

むしろ、後継者の選定や育成、従業員、取引先、あるいは家族への配慮など、感情面のすり合わせが物を言うことも多いです。そして、その中での時間をかけた話し合いと合意形成がなければ、後から問題が噴出することもあります。

本事例の中では、コンセプトの共有がないままにすべての株式を譲渡してしまったため、後継者が独断でM&Aを決めてしまいました。もちろん株の譲渡は事業承継の有効な手続きのひとつなのですが、その前提となる意見のすり合わせがないと、こうした事態になりかねません。

その際に必要なのは、法律の知識であり、「法人」についての理解であり、もしくは事業承継に伴う感情面への具体的なアプローチの仕方です。本来であれば、それらがあってこそ意味のある手続きとなるはずです。

とくに中小企業の創業者の場合、「会社＝自分」という認識が強いことも多く、そこには「法人格」という発想が欠けていることがあります。そのため、事業承継を「自分が交代させられる」とネガティブに考えてしまうのかもしれません。

事実、創業当初の企業はほぼ「会社＝社長」と言ってもいいのですが、会社も成長してくるとそこに人が加わり、関係者が増え、組織となります。つまり法人格としての実態が備わってくるのです。

そうした状態で事業承継をする以上、「会社をどうしたいのか」「どのようにして次の世代に引き継いでいくのか」を考え、後継者ともきちんと話し合い、事業をつないでいくことが求められます。

そのような認識がなければ、事業承継が上手くいかないのも無理はありません。ただ、これまでの事業承継に関する議論においては、そうした法人格に対する理解が十分でなかったことも事実としてあるのです。

## ◉——承継のタイミングと事業承継のやり方について

事業承継の「タイミング」や「やり方」についても、多くの誤解があります。たしかに、「いつ事業承継をするか」「どうやるのか（やり方・手法）」は重要な視点なのですが、その議論だけでは不十分です。

それよりも大事なのは、事業承継の本質的な理解をした上で、「いつ準備をはじめるのか」「まず何をするのか」「最終的にどうなっているべきか」などを詰めていき、明確なゴールに向かって関係者と共に歩んでいくことです。

事業承継の話をしていてよくあるのが、現社長における「どうせ俺を除け者にしたいんだろう」「早く追い出したいんだろう」などの被害者意識です。たしかに、事業承継を単純に「社長の交代」と捉えると、そう思ってしまうのも無理はありません。

ただ、事業承継における本来の目的は、会社を未来につないでいくこと。つまり「ゴーイング・コンサーン（継続企業の前提）」を実践するための承継なのであり、本来はそこに向かって協力し合うべきです。

具体的には、現社長と後継者が二人三脚で歩んでいきながら、相互理解を積み重ね、次世代に向かって会社をつないでいくこと。そこからさらに会社を発展させていくのが、事業承継のあるべき姿なのです。

だからこそ、事業承継には大きなメリットがあります。本来、事業承継は、現社長や後継者、さらには従業員や取引先、さらには社会にとってポジティブな影響をもたらす非常に前向きな出来事です。

そうした理解を抜きに、「いつやるか」「どうやるか」などのハウトゥーにばかり目を奪われてしまうと、事業承継はやはり上手くいきません。まずは、その土台を固めていくことが求められます。

こうしたことは「相続」についてもいえます。一昔前までは、相続について話し合うこと自体が「縁起でもない」などと敬遠されてきました。しかし、いずれ訪れることである以上、その問題を放置するわけにはいきません。

事業承継についても「私はまだやれる！」などと社長が反発してしまうと、いつまで経っても話が進みません。結果的に、準備がほとんど進んでいない状態で事業承継することになり、すべての関係者が困ることになるのです。

それでどうして、ゴーイング・コンサーンを実現できるのでしょうか。自分だけの問題ならまだしも、会社は「社会の公器」とも言われているように、多くの人々に関係するものです。だからこそ、適切な事業承継が不可欠なのです。

そしてその前提となるのは、タイミングややり方ではなく、その土台となる意思の疎通、とくに本書では「コンセプトの共有」を提案しています。それがあってこそ、事業承継の準備が進められるのです。

## 従業員が社長を断る理由

事業承継に関する正しい理解がないと、適切な手順や方法論のもとに会社を承継することができません。とくに現社長と後継者、あるいは社員らとの間でそれが共有されていないと、事業承継は成功しない可能性が高くなります。

よくあるケースとしては、最初はご子息や親戚の方に事業を引き継いでもらおうと考えていたものの、なかなか候補が見つからず、最終的には役員や従業員に託そうとした場合に、打診した相手に断られてしまうことです。

問題は「なぜ断られてしまったのか」です。よく聞かれるのは「そんな重い責任を負うことはできません」などの理由ですが、その裏には、「社長業に魅力がない」「会社に将来性がない」といったネガティブな感情があります。

事実、中小企業経営者の大半は常に忙しそうにしています。中にはプライベートを犠牲にしている人もいます。従業員や取引先への配慮はもちろん、資金繰りから営業活動まで、担当範囲が非常に広いためです。

本来であれば、社内の業務をきちんと仕組み化し、社長一人に業務が集中しないようにしなければなりません。それはまさに「会社＝社長」からの脱皮であり、組織化なのですが、それができていない状態では、自分が後を継ぎたいと思う人は少ないのです。

そもそも、社長自身が楽しそうに仕事をしていないと、会社を継ぎたいと思う人は限られてしまいます。事実、いつも疲れていたり、愚痴をこぼしたりしていると、後継者候補はどんどん少なくなってしまうでしょう。

一方で、経営者の中には仕事だけでなく、プライベートも充実している人がいます。

そのような人ほど、自分がいかに見られているのかを自覚し、将来のことも考えて社長業を引き継いでもらえる工夫をしているのです。

このように事業承継には、様々な要素が絡んでいます。そしてそれは、短期ではなく長期スパンで捉えるべきであり、できるだけ早い段階から準備を進めていく必要があります。その過程に、会社としての成長・発展があるのです。

その前提として、まずは正しい知識を得つつ、それを共有していくこと。とくに社内の仕組み化は、社員の理解と納得がなければ実現できません。それこそ全社的な取り組みが求められるためです。

またリーダーの育成についても同様で、管理職への抜擢や実務の中での学びと経験、あるいはチームとしての活動等を経ながら、徐々に次世代の後継者候補を育てていくことが必要です。そうした長期スパンの準備が、次の社長を生み出していきます。

子どもや親族に継がせる場合も同様で、社内でトライ・アンド・エラーを経験してもらいながら、かつリーダーシップを養ってもらわないと、いざ事業承継をしても人がついてきてくれません。やはり事業承継は長期戦で捉えるべきなのです。

## 事業承継の本質とは

これまでにも見てきたように、事業承継の捉え方は人によって異なります。それらは、得ている情報や知識の違いによって生じているのですが、大きく分類すると「狭義」の事業承継と「広義」の事業承継とに分けることができます。

狭義の事業承継とは、シンプルに「社長の交代」を意味しています。つまり「事業承継＝現社長が交代すること」という理解です。そのため社長にとっては、ネガティブな印象を伴うものとなります。

一方で広義の事業承継とは、社長の交代だけでなく、次世代に向かって会社・事業を存続させていく意味合いを含みます。それはまさに、ゴーイング・コンサーンの実践であり、事業承継の〝本質〟を体現するものです。

そもそも事業承継は、企業を存続させていくための〝手段〟でしかありません。だからこそ、その裏側には「続けていく」という〝目的〟があることを理解した上で、具体的な行動をとることが求められます。

事実、会社は引き継いで終わりではありません。従業員や取引先、お客様や社会との関係性はその後も続いていきます。だからこそ、次世代がスムーズにこれらのステークホルダーとの関係性を継続できることがすべての土台となるのです。

そうした理解がないままに、事業承継を事務的に進めてしまうと、理念やビジョンに基づかない形式だけの社長交代が行われることになります。それは、現社長と後継者、どちらからのアプローチであったとしても望ましい結果につながりません。

例えば、「事業承継を知る」ことについて考えてみましょう。

事業承継を狭義の意味に捉えている場合、現社長としては「交代せざるを得ないからそのための手続きについて知ること」になるかと思います。そのような情報は、書籍やネットでもたくさん提供されていますし、場合によっては専門家に任せることもできます。ただ、そうした姿勢で臨むと、本章冒頭の事例のようなトラブルが発生する可能性があります。

一方で後継者が事業承継を狭義の意味に捉えている場合は、「現社長にその椅子を明け渡してもらうにはどうすればいいか。その方法を知ること」になるでしょう。もちろん社長を説得できればそれに越したことはないのですが、そこには従業員をはじめとする関係者への配慮がありません。そうなると、承継後に従業員などのステークホルダーが離脱する恐れがあります。

いずれのパターンでも「社長交代」しか考えていないために、本当に必要な知識や理解を得られていないのが問題です。そのために、よくある落とし穴にはまり込んでしまいます。ただ、こうした事例は、非常に多く散見されているのも事実です。

必要なのは、より大きな視点を持って事業承継に取り組むこと。社長の交代だけでなく、会社を次世代に引き継ぎながら、さらに成長させていくために事業承継があることを、ぜひ理解してください。

「自分はなぜこの会社を経営してきたのか」「この会社を通じてどんな価値を届けたいのか」。そういった思いを明確にし、伝わるかたちで共有しながら事業をつなげていくこと。それが事業承継の本質となります。

そこから出発することで、事業承継は、会社として進化する大きなチャンスにもなります。

## ◉——先代社長と後継者の意識の持ち方

先代社長と後継者、それぞれがお互いの立場から事業承継の本質について認識し、相互理解に基づいて事業承継を進めていくことが、会社をあるべきかたちで次世代へとつなげていくことを可能にします。

例えば、現社長が意識しておきたい点としては、そもそも事業承継には時間がかかるということです。とくに後継者の育成、あるいは従業員や取引先も含めた根回し、さらにはそのためのコミュニケーションなど、やるべきことは多岐にわたります。

しかもそこには、様々な感情が関係してきます。場合によっては組織や運営方法、あるいはマネジメントなどが大きく変わることもあるためです。だからこそ、当事者の感情面にも配慮しながら、時間をかけて移行していく必要があるのです。

その具体的な中身としては、これまで社長が自ら行ってきたことを、組織として実行するための体制づくりです。営業から社内のマネジメントまで、社長の仕事を組織として実行できるようになれば、トップは経営に専念することができます。

そして経営とは、会社を成長・発展させることであり、そのためにビジョンや理念に基づいた戦略の立案と実行を経ていく必要があります。そのような体制が構築できてこそ、事業承継がスムーズに行えるようになるのです。

また、従業員や取引先、あるいはその他のステークホルダーのことを考えると、会社を売却するという選択を考慮に入れることもあるかもしれません。そのようなときに、M&Aの対象としての魅力を備えておくことも重要となります。

それは、「今の社長がいなければ会社がまわらない」状態から、「組織として機能する」状態へと適切に移行しておくことを意味します。そのような工夫が、結果的に、会社を未来につなげることになるのです。

いずれにしても、事業承継の準備には相応の時間がかかります。それを主導するのはやはり、現社長でなければなりません。そしてそれも、経営者にとって重要な仕事のひとつと言えるのです。

会社の状況や規模によっても異なりますので、具体的に「何年かかる」とは明言できないのですが、最低でも5~10年ほど見ておく必要があります。その期間で、コンセプトの明確化や共有、組織化、リーダーの育成などの施策を、時間をかけて行っていきます。

一方で、後継者の方についても、事業承継を成功させるための意識を持つことが大切です。それは、端的に表現すると、先代社長に対するリスペクトの精神を持つことに他なりません。

その上で、対話を通じてコミュニケーションをはかりながら、同じ方向を向いて事業を続けられるようにすり合わせをしていくことが求められます。ときには、直接話すのではなく、手紙などを使って対話を深めていくなどの工夫も必要かもしれません。

いずれにしても、お互いの距離を縮めるために努力することが重要となります。頭だけで考えるのではなく、先代の苦労や努力も受け入れながら、相互理解を深めていくことが事業承継を成功へと導きます。

## 弁護士が勧める事業承継の正しい方法とは

本章の最後に、あらためてコンセプトの重要性について触れておきましょう。次章以降でも詳しく解説していますが、事業承継の本質的な理解を踏まえると、そこには中心軸となる理念やビジョンが不可欠であるとわかります。

そもそも企業経営は、「ゴーイング・コンサーン」という概念にも象徴されているように、継続することを前提にしています。継続することで従業員や取引先、あるいは社会全体に対して安定的に価値を提供することができます。

そのことは、会社の規模にかかわらず言えることでしょう。大企業でも中小企業でも、いずれも継続していくことが求められており、そうした前提のもとに社会の仕組みや環境などが整備・構成されています。

もちろん創業当初は、ひたすら目の前の仕事に全力を投じていただけだったかもしれません。ときには、業績悪化という憂き目にさらされて、将来のことなど考えられないとなるのも無理はないと思います。

それでも、会社を次の世代へとつなげていくこと。それを経営者の責務であると考え、できるだけ早い段階から準備を積み重ねていくこと。それが、社長本人はもちろん、すべての関係者にとって大切なことであるのは間違いありません。

たしかに、売上の向上や経費の削減も重要です。資金繰りも欠かせません。それらの大切さを理解しつつも、会社を未来に向かって発展させるべく、次世代のリーダーを育てることもまた、同列に扱うべき事柄です。

両者の違いは、視点の違いでしかありません。つまり、短期的に考えるのか、長期的に考えるのかの違いでしかないのです。経営にはどちらも欠かせないのですが、とくに後者は、社長が自ら取り組まなければならない事項と言えます。

とくに本書で強調したいのは、「次世代のリーダーを育成することこそ社長の責務である」ということです。事実、老舗企業や大企業では、それが当たり前のこととして捉えられており、粛々と実行されています。

しかもそれを、手続き的なこととして捉えるのではなく、経営活動の一環として、つまり従業員や取引先、顧客、ひいては社会のために行うことが、事業承継のあり方を正しく認識するためのヒントになると思います。

そこで重要なのが、これまでにも繰り返し述べてきている「コンセプト」という概念です。中心軸となる会社の理念やビジョンを明確にし、それをきちんと社内外で共有していくことが、本来的な事業承継の土台となります。

それには非常に時間もかかりますし、場合によっては組織やマネジメントの変更も伴うのですが、会社としては大きな進化となります。それが、二代目、三代目、四代目と、会社を未来につなげていく軸になるためです。

私自身、弁護士として数多くの事業承継問題に取り組む中において、そのような認識に至るようになりました。そしてそれは、専門家の方々に最も欠けていた視点であり、経営者および後継者に不可欠な視点だと思います。

次章では、経営について法的な観点から捉えた考え方を紹介しつつ、コンセプトの必要性と重要性について掘り下げていきましょう。

# 第3章

# 法的に考えると見えてくる！ 事業承継の本質とは

本章では、事業承継の準備が一切なされないまま社長が亡くなり、跡目争いに発展した事例を紹介します。会社法と相続法それぞれの趣旨、そして当事者の気持ちや思惑がすれ違い、親族までトラブルが飛び火した事例です。何もしないとどうなるのか、ぜひとも御社の状況と照らし合わせながらご一読ください。

〈事例〉

## 株の相続で裁判にまで発展してしまった事例

こちらの事例は、最終的には裁判にまで発展してしまいました。よくあるケースなのですが、株式の大半を所有していた先代社長が亡くなり、遺言等もないまま相続と事業承継が開始しました。

会社はいわゆる家族経営で、息子さんと娘さんは役員として経営に携わっていました。ただ、この家族経営が、先代社長が亡くなったことによって状況が大きく変わります。

息子さんの主張は、「自分はこれまでナンバー2として父を助け、会社に貢献してきたのだから株式を優先的にもらいたい。自分こそ次期社長にふさわしい」というものです。会社の経営を安定させるためにも、株式を経営者に集中させる必要があるため、その主張には一理あります。

一方で娘さんは、「父の財産は平等に分けるべき。株式についても半分ずつ分けるのが妥当だ」として、こちらも譲りません。会社が黒字経営で業績も良かったため、さらに伸びると判断してのことかもしれません。

その結果、「息子VS娘」という構図で、いわゆる〝争続〟になってしまったのです。具体的には、遺産分割を進めるべく家庭裁判所で調停を行うのですが、その中でも両者は主張を譲りません。

そうなると、最後は裁判所が判断してくれると思うかもしれませんが、裁判所は「どちらに株を分配するべきか」「どちらが経営者にふさわしいか」などには関心がなく、またそれをジャッジすることもできません。

相続法の世界における最も重要な指針は「平等」。つまり、相続人全員が同じ物（遺産）を欲しているのであれば、可能な限りお互いに平等に分けること。すなわち、本件であれば株式を「50：50」で分けるしかないということになります。ただそれでは、どちらが経営の主導権を握るのかまでは決まりません。

一方、会社法はあくまでも多数決の世界です。そのため息子さんと娘さんは、それぞれ経営の主導権を握るべく、少数株主である親族に働きかけます。そこで一株でも多くの味方を集めた方が会社を支配することになるのです。

要するに、キャスティングボードを握っているのは親族となるわけです。そうした状況は、会社の未来を考えた上でのことではなく、あくまでも手続きに則って処理したことによる結果でしかないのです。

このように裁判所は、相続において、経営に関する事情までは考慮しません。平等に分けるべきだと判断したら、そのとおりに結論を下すだけです。ただそれは、時に株式をいたずらに分散させたり、支配権争いを長期化させることもあるのです。

株式が分散してしまうと、役員の選出や決算など、重要な意思決定が難しくなります。何もできない会社になってしまい、最悪の場合、廃業するしかありません。それもまた事業承継における〝失敗〟と言えるかと思います。

さて、本件における問題は、株式の大半を所有していた先代社長が、遺言等を残さずに亡くなってしまったことにあります。

あるいは、息子さんと娘さんを含めた親族の側からも、そのための具体的なアプローチや準備ができていなかったことがトラブルへとつながりました。

とくにお互いの利益が正面からぶつかってしまうと、会社の未来のことはないがしろにされがちです。実際には、どちらも「会社の未来のために自分が社長になるべき。そのためには安定した地盤を築くことが必要」とか、「ひとりだけに権限を集中させるより、分散させた方がよい」など、会社のためにこうあるべき、という主張をするのですが、そこで意見が一致しなければどうしようもありません。相続の世界では、株式すらも、会社に紐づくものというよりは、純粋な財産の一部でしかありません。

本来であれば、遺産は遺産として分配しつつ、会社のことも考えて株式や今後の運営について決めていくべきです。そしてその話し合いは、先代の意思を含んだ会社の方針、つまり「コンセプト」に基づいている必要があります。

やはり裁判にまで発展してしまうと、長期化することも多く、お互いに消耗してしまいます。また従業員としても、そのような争いが起きている状況に冷めてしまい、優秀な従業員ほど離職していく傾向にあります。

そうして最後は、先代も後継者も、あるいは従業員をはじめとする関係者の誰もが望んでいない状態が訪れてしまいます。しかもそれは、適切な対策をとることによって未然に防げたことなのです。

## ◉――法律家と経営者・後継者が見る景色の違い

第三章では、法律的な観点から経営および事業承継について考えていきましょう。視点を変えると、事業承継においてどのような行動をとるのがベストなのか、イメージしやすくなると思います。

最初にお伝えしたいのは、株式会社における「所有と経営の分離」という概念です。会社法を学んだことがある方はご存知かもしれませんが、この概念は、事業承継のあるべき姿を規定しています。

さて、所有と経営の分離とは、言葉の通り「会社を所有することと、その会社を経営することは、本来分離しているべきもの」という意味です。こと株式会社においては、それが〝原則〟とされています。

株式会社の仕組みを熟知している人にとっては、当然のことに思われるかと思います。とくに海外の企業や上場企業においては、この所有と経営の分離が徹底されており、株主と社長の立ち位置も明確です。

一方で、日本の中小企業の多くはいわゆる〝家族経営〟です。本章冒頭の事例にもあったように、「社長（および親族）＝株主」というかたちで経営が行われており、それが家族内でほぼ完結している状態です。

もちろん、それ自体が悪いということではありません。外部の株主に経営を左右されないことは、会社を安定的に運営することにもつながります。ただ、事業承継においては、それがマイナスに作用することもあるのです。

事実、会社法においては「代表取締役＝経営の責任者」であり、「取締役会＝意思決定機関」でしかありません。会社の所有者はあくまでも株主なので、代表取締役や他の取締役を選出するのは、株主（株主総会）となります。

つまり、誰に経営を託すのかを決めるのは株主なのです。その理由は彼らが会社を「所有」しているからであり、その会社を「経営」するのは、彼らが選出した人となるわけです。こうして法的には両者の分離が明確になっています。株主は、現行経営陣が経営者としてふさわしくないと判断すれば、多数決で解任する権限も持っています。

法律家の目線では、株主＝経営者とは限らないため、株を持ったまま経営者を交代することもありうるし、一度経営者を交代したら安泰、ということでもありません。

しかし、現実には、株主総会がどう機能しているのかを知らない、あるいは、現状把握が不十分なために、安易に経営権だけでなく所有権（株）も譲渡してしまったり、逆に、しっかりと株主構成を理解していないまま自分が多数派株主だと思い込み、いつでも経営権を取り戻せると誤解して新社長に渡したところ、実は株主総会において多数派ではなくなっていたなどの「こんなはずではなかった」という相談が後を絶ちません。

ここに、相続が絡むと、さらに事態は複雑になります。

すなわち、遺産に株式が含まれていたとすれば、それは自動的に相続人のものになります。例えば、会社にとっての少数株主に相続が発生した場合、相続人はさらに会社との関係性が希薄であることが多く、また、相続人の意思だけで株式が相続人の数だけ分散し、株主の数が膨大になることもあります。こうなってから会社が少数株主にアプローチするのは至難の業です。買い取り交渉をしてもまとまらないことも多く、また、定款で買い取りについての定め（売渡し請求）を設けていても買い取り価格が合意できず裁判になる可能性もあります。

また、大半の株式を所有していた先代社長が亡くなった場合、本章冒頭の事例のように、遺産分割がスムーズに進まない場合は、遺産に含まれている株式の帰属先（所有者）がなかなか決まらないこともあります。その間、会社としては、次の株主が決まらない以上株主総会を行えず、法人として機能しないことになります。それはすなわち経営が滞ることを意味しており、社長の死亡＝会社の意思決定の機能不全、という事態を引き起こします。まさに所有と経営が分離していないことによる弊害となるのです。

上場企業であれば、基本的には株は流通しています。つまり、所有と経営が分離しています。

一方で多くの非上場企業は、経営陣が同時に株主として過半数の株も保有しており、所有と経営が一致しています。その結果、常態的に株主総会も行われておらず、社長に株主構成の詳細を聞いても答えられない、などの会社法が想定していないことが起きてしまうのです。

特に創業社長としては、「会社は自分が作ったんだから、他の誰でもない、自分だけのもの」という認識があるのかもしれませんが、それは法が想定している株式会社本来の姿ではありません。そうした誤解があるために、適切な事業承継につながっていない実情もあると言えそうです。

## ●――「会社」「社長」「事業承継」の関係性

所有と経営の分離についてよく理解すると、社長（代表取締役）はあくまでも「会社（法人格）をあずかっているだけ」なのだとわかります。そしてそこから、「事業承継＝社長交代」という単純なものではないということも自然に理解できるようになります。

本来であれば、株式は親族に相続させつつ、役員や従業員に会社を経営してもらうという選択もあっていいはずです。もちろん解任される不安はあるのですが、いわゆる「プロ経営者」のように、その中で手腕を発揮する人も存在します。

親族以外の人に引き継いでもらう場合に、「次の経営者にすべての株式を引き継いでもらえばいいのでは？」と思う人もいるかもしれません。しかし、現実には、すべての株式を買い取るだけの資金を用意できず、話が進まないことも少なくありません。

とくに業績の良い会社の場合、株価が高額になり、買い取り資金も膨大になります。相続人であれば買い取りではなく相続することができますが従業員後継者の場合は、買い取り資金をすぐに用意することは現実的ではありません。

そのため、少しずつ株を移行するなどの準備が必要になるのですが、それだけでなく、親族や従業員に対する根回しも含めて「会社をどうするのか？」「どういう方向に進んでいくのか？」などの対話をしておくことが欠かせません。

それもまた、現経営者の仕事です。

とくに所有と経営の分離が進んでいない会社の場合、これまでにも見てきたように、相続と事業承継の双方から問題が噴出する可能性があります。そうならないよう、時間をかけて準備をしていくことが求められるのです。

中小企業の中には、上場や売却（M&A）、相続・事業承継の準備をするときになってはじめて、細かい株式の状況を精査することもあるかと思います。

ただ、限られた時間の中で対処しようとすると、どうしても無理がでてきます。その間、経営が機能せず、社内外にまでマイナスの影響を及ぼしてしまうと、やはり事業承継はうまくいきません。

だからこそ、あらかじめ「会社」「社長」「事業承継」の関係性を正しく理解し、現社長が元気なうちにできることから着手することが必要なのです。それは、法的な視点で考えると、より理解しやすい事柄かと思います。

法律や原理原則の視点から考えると、会社（法人）の所有者は株主であり、社長（代表取締役）はその会社の経営を任されている人。その前提の上に、次の世代に対して事業をつないでいくのが事業承継です。

そしてそこには、手続き的な部分だけでなく、会社の理念や方針、つまり会社をどのように運営していくべきかというビジョンが絡んできます。そのようにして、株式会社というものが機能しているのです。

そうした理解は、法的な観点から会社というものを見直していただくとよくわかるかと思います。

## ◉——株主の不在

海外企業などでは当然に行われているのですが、本来、経営者の手腕を評価するのも株主の役目です。それが日本では、特に家族経営の会社やオーナー企業の場合、「株主＝社長」という構図があり、株主が経営者の手腕を評価することができないためにその役割を事実上金融機関が担っていることも少なくありません。

つまり、資金を融資する金融機関が企業の業績を評価し、それによって会社の〝血液〟である資金繰りが影響を受ける状況があるのです。ただそれは、所有と経営の分離という原則論が想定しているものとは異なる状態です。

やはり、株主が経営者を適切に評価し、それによって所有と経営の分離が実現できている状態でないと、「株式会社」本来の機能は果たせているとは言えません。そこに、日本の中小企業の特殊性があると言えるでしょう。

所有と経営を一致させることで社長の地位を盤石にしたい気持ちはわかりますが、そうなると、株主評価による経営への責任感や緊張感の醸成が希薄になります。そしてそのことが、事業承継における準備不足にもつながっています。

事業承継の相談において、一部の株式を誰が所有しているのかわからないといったケースもよくあります。相談を受けて「株主はどなたですか？」と質問すると、「誰だっけ」「ちょっとすぐにはわかりません」と回答する社長もいますし、決算書の株主欄を見ても「実はこの株主のAさんはもう亡くなっています」という回答がくることもあります。登記などで必要な場合に形式的に議事録を整え、実際には株主総会を一度も開いたことがない、という企業もあります。

要するに、それだけ株に対して意識していないのだと思われます。ただ、限られた親族が所有しているのならまだしも、第三者の手に渡っている可能性もあります。事業承継の対策のためには、まずはきちんと現状を把握しておくべきです。

会社法にも規定されているように、株式の譲渡は原則として自由です（会社法127条）。持分会社のように、他の社員の承諾を必要とするわけではありません。もちろん譲渡制限が付されていることも多いのですが、だからといって誰が株式を保有しているのかを正確に把握しなくていい、というわけではないのです。

実際、いざ相続が発生して、後継者が新体制を作ろうとしたところで、全くの第三者から「私は実は先代から株を譲り受けていました」という連絡がきて、後継者の方が慌てて相談に駆け込んできたこともあります。

繰り返しになりますが、株式会社を所有しているのはあくまでも「株主」です。一方、会社を経営するのが「代表取締役（社長）」であり、誰に経営を任せるかなどの会社の重要な取り決めは意思決定機関である株主総会を通じてなされるのが基本です。

たとえ現状では両者が重なっていたとしても、そのような所有と経営の分離原則を踏まえて、「事業承継では何が行われるのか?」をイメージしていただくと、どのような対策を取ればいいのかも想像しやすくなると思います。

本章冒頭の息子VS娘の事例においても、早い段階から株主構成を意識しつつ、適宜コミュニケーションをとっておけば、事前の対策も可能となります。お互いに納得できるような状況をつくれていれば、裁判をやる必要などないのです。

少なくとも「会社をどうしていくのか」「次のリーダー・後継者は誰なのか」「それらを踏まえて株式の状況をどう整えておくか」という点を考えていけば、無駄な費用の支出やトラブルを回避しながら事業承継へと進むことができます。残念ながら、この3点とも決まっていないまま、オーナー社長の死亡によって強制的・突然的事業承継を迎える、という場面が少なくありません。

株主構成の把握及び株式の評価は、会社の現状把握及び事業承継の準備において欠かせないものです。

株主構成については、通常は株主名簿または決算書を見ればわかるのですが、それ自体を詳しくチェックしておらず、そのために、オーナー兼社長が株主構成の詳細を答えられないことがあるというのは前述のとおりです。また、場合によっては、すでに亡くなっている株主がいたりして、現存する株主名簿や決算書に記載されている株主一覧が正しくないこともあります。だからこそ、最新の状況を精査しておくべきでしょう。

株価についても、税理士などの専門家に算出してもらってはじめて、具体的な額がわかります。

もし経営者の中で、株主名簿を見たことがなかったり株主構成がわからなかったりする方がいる場合は、できるだけ早期にチェックするようにしてください。慣習的に定時株主総会を開いていない企業であればなおさらです。

## ◉――事業承継と相続の双方を踏まえた準備を

本章の最後に、事業承継と相続法の関係についてもふれておきましょう。

相続法の観点からあらためて確認すると、株主である「オーナー経営者」が所有している会社の自社株は、当然、相続財産の一部となり、相続の対象となります。

何の対策もないままオーナー経営者が亡くなると、「会社の承継」と「個人の相続」が同時に発生することとなり、それらが相互に関連してきます。だからこそオーナー経営者としては、両方の視点からの対応や事前準備が不可欠となるのです。

会社の社屋が「法人」の所有ではなく、オーナー経営者「個人」の所有であるケースがあります。例えば、製造業の会社で、一階が作業場、二階が住居などの場合や、自社ビルを建てる際に社長「個人」が融資を受けて建てた場合などが該当します。こうした場合で何の対策もないまま相続が発生し、後継者が株式と不動産（自社ビルや工場）の両方を相続しないと会社経営がスムーズにいかない結果、他の相続人に膨大な代償金を支払わなければならないケースはよくあります。

このように、事業用不動産が誰の所有になっているのかについても、株式と同様にチェックしておく必要があります。

そこには、中小企業経営者における「個人保証」の問題も絡んできます。例えば、会社が融資を受ける際、オーナー社長の個人の不動産（自宅など）に抵当権を設定する事例は珍しくありません。このような場合、もし会社の後継者と自宅の承継人が別だとしたら、自宅を相続する者は、当然、会社に対し、抵当権を外して欲しいと要求するでしょう。このような場合、抵当権者は金融機関ですので、会社と相続人だけで完結する問題ではなくなってきます。実際、このようなケースで、弁護士が他の相続人だけでなく、金融機関とも交渉することも珍しくありません。

このように、中小企業において、会社の承継と個人の相続は密接に関連しており、それらがほぼ同時に発生するものと認識しておく必要があります。

このような場合、よく起きるのが、親族内における「会社を引き継ぐ相続人VSそれ以外の相続人」という構図です。つまり、会社を引き継ぐ相続人は、経営の安定性の観点から必要な資産をピックアップし、それを相続することを希望しますが、会社と関係ない相続人が重視する点は「平等」であり、そもそも視点が全く違います。経営の安定性を確保したい相続人は、株式や不動産を含む会社経営に必要な個人資産を安く評価したいと思いますが、会社と関係のない相続人からすれば、適正価格で評価して、代償金を支払ってもらうことが最重要となります。


オーナー経営者の資産の内訳を調査すると、場合によっては、黒字経営の優良企業の場合や、会社自体が不動産を多く持っているなどの要因で、株式の評価が高く、資産の内訳の7割が株式である場合もあります。そして残りの3割弱が自宅などの不動産で、それ以外のわずかな部分が現金等である場合、平等に分けるために用意する資金（代償金）は、相続人の数や構成にもよりますが、それこそ膨大になります。会社経営者の場合、億単位になることも少なくありません。

これらの現状を踏まえて現金が用意されていればよいのですが、この準備がなされていないケースが現実にはかなり多く、だから揉めてしまうのです。

従って、「会社の承継」と「個人の相続」が同時に発生することを踏まえ、相続財産の現状を踏まえた上で、会社をどうしていきたいのかをあらかじめ考え、資産を整理したり、保険をかけたり、現金を用意したり、株価の推移を見ながら処分その他必要な措置をとったりすることが肝要なのです。つまりは事前準備です。

〈よくあるオーナー経営者の相続財産構成〉

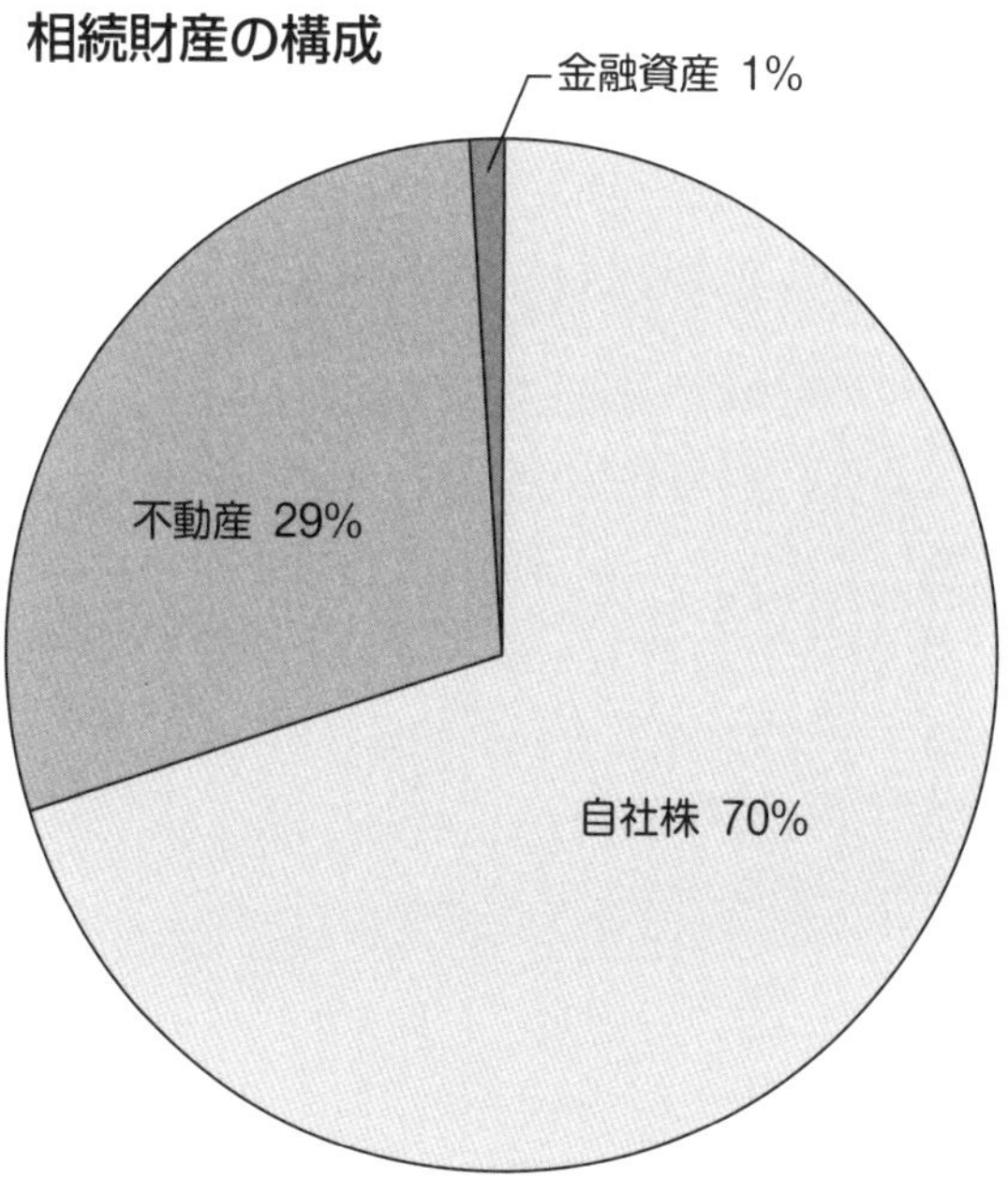

事業承継・相続まで時間があれば、適切な準備ができます。小手先のテクニックや税金対策ではなく、現状把握と対応にこそ時間をかけるべきです。少なくとも、事前に次のような項目について確認をしておくべきでしょう。

・自社株評価の定期的なチェック
・事業用不動産の所有者は誰か
・個人所有不動産への事業資金の担保の有無
・相続人の数、構成
など

これらはあくまでも一例です。大切なのは、事業承継と相続が相互に関連していることを踏まえて、「どのような対処が必要か？」「そのための準備は何をするべきか？」を考え、必要な行動に着手しておくことです。

また法的な観点としては、２０１８年に「民法及び家事事件手続法の一部を改正する法律（改正相続法）」や「法務局における遺言書の保管等に関する法律（遺言書保管法）」

が成立するなど相続法が改正されただけでなく、これらに関連する税法も変化が激しいのが現状です。

それらへの具体的な対応策については本書の趣旨と外れるため言及しませんが、いずれにしても、事業承継の準備が相続対策にもつながることは間違いありません。そしてそこには、長期的な視点が不可欠となります。

## 事業承継における「個人保証（経営者保証）」の問題について

さて、ここで「個人保証（経営者保証）」の問題について、補足しておきましょう。

個人保証は、会社の借金をオーナー経営者が負う可能性のあるものであるため、事業承継および相続にも直接的に関連してきます。

まずは、経営者保証の定義を確認しておきましょう。中小企業庁のホームページには、次のように記されています。

「中小企業が金融機関から融資を受ける際、経営者個人が会社の連帯保証人となること（保証債務を負うこと）。企業が倒産して融資の返済ができなくなった場合は、経営者個人が企業に代わって返済することを求められる（保証債務の履行を求められる）。」

※中小企業庁

https://www.chusho.meti.go.jp/kinyu/keieihosyou/

ここで注意が必要なのは、連帯保証人が死亡すると、保証債務も相続財産となる点です。会社経営に携わらない相続人からは、保証債務を負いたくない（個人保証を外して欲しい）という主張が当然出てきますし、他方で、金融機関が絡む問題であるため、金融機関が納得する代わりの保証人を用意する必要があるなど、相続人間だけでは解決がつかず、意図せず相続問題が長期化してしまう場合もあります。ここに、日本の中小企業における大きな問題が潜んでいます。

この点を問題視して、全国銀行協会と日本商工会議所が「経営者保証に関するガイドライン」を策定、２０１３年に公表し、翌年には適用を開始しています。その概要としては次のとおりです。

「中小企業の経営者による個人保証には、資金調達の円滑化に寄与する面がある一方、経営者による思い切った事業展開や、保証後において経営が窮境に陥った場合における早期の事業再生を阻害する要因となっている等、中小企業の活力を阻害する面もあり、個人保証の契約時および保証債務の整理時等において様々な課題が存在しております。この「経営者保証に関するガイドライン」は、それらの課題に対する解決策の方向性を取りまとめたものです。」

※一般社団法人全国銀行協会
https://www.zenginkyo.or.jp/adr/sme/guideline/

それぞれの内容が資料としてまとめられているため、経営者や後継者の方にはぜひチェックしてもらいたいのですが、ここでは、その中から「主たる債務者及び保証人における対応」の文言を引用します。

主たる債務者が経営者保証を提供することなしに資金調達することを希望する場合には、まずは、以下のような経営状況であることが求められる。

① 法人と経営者との関係の明確な区分・分離

主たる債務者は、法人の業務、経理、資産所有等に関し、法人と経営者の関係を明確に区分・分離し、法人と経営者の間の資金のやりとり（役員報酬・賞与、配当、オーナーへの貸付等をいう。以下同じ）を、社会通念上適切な範囲を超えないものとする体制を整備するなど、適切な運用を図ることを通じて、法人個人の一体性の解消に努める。

https://www.zenginkyo.or.jp/fileadmin/res/abstract/adr/sme/guideline.pdf

こうした記述からも見て取れるように、経営者保証の問題を事業承継や相続の足かせにしないためには、法人と経営者の区分・分離、つまり「所有と経営の分離」を徹底することが重要だとわかります。

たとえ現状はそれができていなくとも、事業承継について考えはじめることをきっかけに、具体的な対処を進めていくことが大切です。そしてそれが、事業承継と相続、双方のトラブルを回避することにつながります。

　ここまでの内容で、事業承継に対する捉え方が少しでも変わりましたでしょうか。

次章からは、それらすべての対策の前提となる「コンセプト」を踏まえつつ、私が本書で提案する具体的な事業承継の方法論について、詳しく解説していきます。

# 第4章

# 事業承継の事前準備

# 事業承継の構成要素（人、資産、知的資産）

第四章では、本書のメインテーマである事業承継の方法論について詳しく見ていきます。最終的には、コンセプトの策定やその活用へと進んでいくのですが、ここでは、その前段階となる準備や確認事項についてチェックしておきましょう。

まずは、事業承継の全体像について確認しておきます。事業承継においては、主に次の「3つの承継」が行われます。

**①人（経営）の承継**

・経営権

**②資産の承継**

・株式
・事業用資産（設備・不動産等）
・資金（運転資金・借入等）

**③知的資産（無形資産）の承継**

・経営理念
・従業員の技術や技能
・ノウハウ
・経営者の信用
・取引先との人脈
・顧客情報
・知的財産権（特許等）
・許認可
など

事業承継の構成要素

**人（経営）の承継**

・経営権

**資産の承継**

・株式
・事業用資産（設備・不動産等）
・資金（運転資金・借入等）

**知的資産（無形資産）の承継**

・経営理念
・従業員の技術や技能
・ノウハウ
・経営者の信用
・取引先との人脈
・顧客情報
・知的財産権（特許等）
・許認可　等

※令和４年３月中小企業庁「事業承継ガイドライン（第３版）」より
https://www.chusho.meti.go.jp/zaimu/shoukei/download/shoukei_guideline.pdf

〈各項目のポイント〉

**① 人の承継**

・とくに後継者の適性確認、後継者教育は短時間では難しい。
・中小企業ではノウハウ・取引関係等が経営者個人に集中していることが多く、事業の円滑な運営や業績が経営者の資質に大きく左右される傾向がある。
・親族内承継や従業員承継において、後継者候補を選定し、経営に必要な能力を身につけさせ、③の知的資産を含めて受け継いでいくには一定の準備期間が必要。
・親族内承継や従業員承継が難しい場合には、M&Aによる第三者承継も視野に入れる。

**② 資産の承継**

・承継が必要な資産の所有者が誰か。株式の承継のみで足りるか。不動産などの個人資産を会社の用途に使用している場合もあるので注意が必要。
・株式や会社の用途に使用している個人資産の評価。
・評価が高い場合、これらを分散させずに後継者に承継させようとすると、多額の代償金が必要になったり、相続税が高額になる場合がある。

・他の推定相続人の権利を侵害することにならないか（遺留分など）への配慮も必要。

・借入については、代表者の個人保証も視野に入れて検討する必要があり、個人保証の承継については金融機関等の調整も必要となる。

・代表者個人の借入が会社で使用している資産と紐付いている場合もある。

・早い段階から、多角的な視野での検討・準備が必要。

### ③ 知的資産の承継

・知的資産とは、従来の貸借対照表上に記載されている資産以外の無形の資産であり、企業における競争力の源泉である、人材、技術、技能、知的財産（特許・ブランドなど）、組織力、経営理念、顧客とのネットワークなど、財務諸表には表れてこない目に見えにくい経営資源の総称（事業承継ガイドラインより）

・中小企業においては、社長と従業員の人的信頼関係が強い傾向があり、社長交代の結果、古参の従業員との関係で摩擦が生じたり、離職者が出ることもある。

・知的資産は、その企業の「競争力の源泉」であるから、事業承継の結果、これが失われてしまっては本末転倒である。この知的資産を社長自身が整理し、どう後継者や従業員と共有していくかが事業承継の成功への鍵となる。

ただし、現状においては、ほとんどの経営者が「人（経営）の承継」をイコール事業承継だと考えているふしがあります。つまり、社長職を譲る後継者さえ見つかれば、それで事業承継の大半が終わるという発想です。

しかし、人の承継は事業承継のごく一部でしかありません。むしろ後から問題になりやすいのは有形資産・無形資産（知的資産）の承継についてです。

そして両者は密接に関連しています。事実、「誰が次の経営者になるのか」という問題と、「会社の有形資産及び無形資産をどのようにして次の経営者に引き継いでいくか」という問題は、直接的に重なり合っているのです。

とくに忘れてはならないのが、知的資産（無形資産）の承継です。中でも重要なのが「経営理念」なのですが、図からも読み取れるように、この部分が土台となって「人の承継」と「資産の承継」を支えるかたちとなります。

具体的には、先代が大切にしてきた思いを言語化した理念を軸に、すべての関係者とともに認識を共有しながら、人の承継や資産の承継を実現していくこと。それが、事業承継のあるべき姿と言えるのです。

経営理念は、その会社が「社会に対してどのような価値を提供するのか?」「そのためにどのような仕事をするのか?」「どのように行っていくのか?」などを自ずと規定するものです。つまり会社の軸であり、本書で言うところの「コンセプト」の柱になります。

そこから結果的に、「従業員への対応や採用の基本方針」「蓄積されるノウハウ」などが決まり、「取引先との人脈」「顧客情報」「知的財産権」や「許認可」さらには「経営者の信頼」などにもつながっていきます。

例えば、後継者に対して会社の経営理念をきちんと共有しておかないと、承継後すぐに会社を売却してしまうかもしれません（第2章の事例参照）。そうなると、例えば会社を後継者、さらに次世代へとつなげてもらいたいと考えていた先代の思いは、実現されません。

あるいは、既存社員とのかかわり合いについても、社長が交代することで優秀な社員がやる気を失ってしまったり、離職してしまったりすることもあるかもしれません。

それを防ぐことができるのは、個人ではなく「理念」に基づいた経営および事業承継ができるかどうかにかかっています。

会社の技術、ノウハウ、人脈等も同様です。

こうした相互の連動性を意識しながら、土台となる経営理念の確立と共有を怠らないこと。つまり本書で言うところのコンセプトを明確にし、活用していくことが、事業承継を成功へと導いていきます。

## 事業承継の検討の視点

事業承継における3つの要素を理解した上で、具体的な「対応事項」についてもチェックしておきましょう。シンプルにまとめると、事業承継の現場で行われている事柄は次の3つに集約できます。

ア．現状分析

## イ．法的問題の処理
## ウ．税務問題の処理

現状分析とは、まさに前章までに述べてきたような会社や資産の確認です。具体的には、「人や経営」「有形資産」「知的資産」などを確認し、現状を分析することで取るべき対策を明らかにしていきます。

その上で、事業承継には「法的な問題」と「税務的な問題」が絡んできます。このうち法的問題に関しては、「財産権（主に相続法（民法）の分野）」と「経営権（主に会社法の分野）」が関係しています。

ただ、これらについては専門書等もたくさん出ていますし、専門家に入ってもらったりアドバイスを受けたりするケースも多いかと思います。ですので、本書ではあえて詳しく触れることはしないでおきましょう。

さて、このように事業承継は、現状分析と法的・税務的処理が基本にはなるのですが、それらは複雑に絡み合っています。そのため、何らかの〝判断軸〟がなければ話し合いをスムーズに進めていくのは難しいでしょう。

だからこそ、経営者の「会社をどうしたいのか？」というビジョンを明確にし、それを関係者と共有する必要があります。そのような判断軸を設けることで、個々人の利益に終始するのではなく、共に一つの方向へと進んでいけるようになるのです。

現状分析という視点で考えると、次のように分けることができます。

**①基本的な現状分析の確認事項**

・株主構成
・後継候補者の有無（既に社内で働いているか等の候補者の現状）
・自社株の評価
・代表者の個人資産で会社で使用しているものの棚卸し
・家族構成、会社以外の財産の棚卸し
・業界の見通し
など

**②発展的な現状分析の確認事項**

・コンセプト（経営理念、ビジョン・ミッション・バリュー）の確認
・コンセプトの活用状況の確認（社内で共有できているか？）

これらの現状分析を通じて、「経営者が会社を将来どうしたいのかというビジョン＝コンセプト」を後継者や関係者とともに共有し、コミュニケーションをとりながら事業承継を進めていくことで、経営陣や相続人との対立を生じることなく未来に向かって会社を成長させていくことができます。

ちなみに、中小企業庁の「事業承継ガイドライン」においても、「事業承継に向けたステップ」が紹介されています。上記の内容に重なる部分がありますので、参考までに紹介しておきましょう。

事業承継に向けたステップ

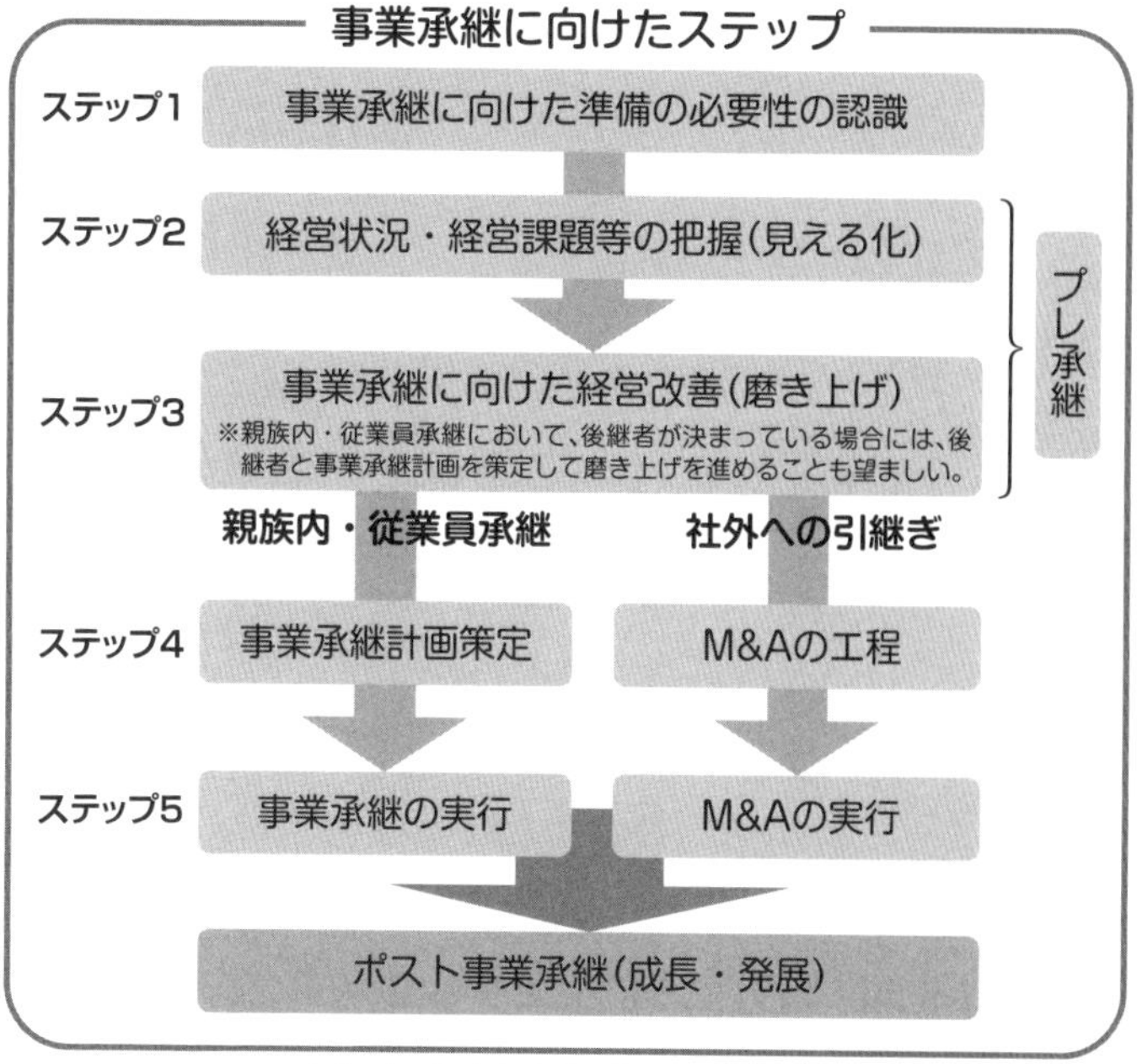


令和4年3月中小企業庁「事業承継ガイドライン（第3版）」より

〈各ステップのポイント〉

**Step1：事業承継に向けた準備の必要性の認識**

・後継者教育等の準備に要する期間を考慮し、経営者が概ね60歳に達した頃には事業承継の準備に取りかかることが望ましく、またそのような社会的な認識を醸成することが大切

・弁護士、税理士、会計士などの専門家による「事業承継診断」を受けるなど

**Step2：経営状況・経営課題等の把握（見える化）**

**①会社経営の見える化**

・経営者所有の事業用資産（担保に供しているものも含む）の洗い出し、その価値の評価、その法的関係（使用貸借なのか、賃貸借なのか）、経営者保証の実態の整理

・自社株の評価

・稼ぎ頭商品の把握や製造ラインの課題など、事業の適切な評価

**②事業承継課題の見える化**

・後継者候補の有無の確認

・周囲（他の相続人、株主、取引先、金融機関等）の反応の予測

・将来の相続発生を見据えた相続税の試算、納税対策

## Ｓｔｅｐ３：事業承継に向けた経営改善（磨き上げ）

親族内承継において、相続税対策に重点が置かれすぎるあまり、事業とは無関係な資産の購入や、節税を目的として株価を不当に下げるなど、将来的な会社の発展にそぐわない手法がとられる場合がある→相続税対策に固執しすぎないことが重要

**①本業の競争力強化**

・「強み」を作り（または強化し）、「弱み」を改善する取り組み

・業界・市場の見通し

・主要取引先に依存しすぎている場合、どう事業リスクの分散を図るか

・中小企業等経営強化法に基づく「経営力向上計画」の策定・実行など

**②経営体制の総点検**

・社内の風通しを良くし、ハラスメントが起きない企業風土の醸成
・コンプライアンスの強化
・各種規定・マニュアルの整備
・ガバナンス・内部統制の向上
・経営資源のスリム化（事業に関係のない資産の整理、滞留在庫の処分、余剰負債の返済等）など

**③経営強化に資する取り組み**

・財務状況のタイムリーかつ正確な把握
・財務情報を経営者が利害関係者（金融機関、取引先等）に説明できるようになることで、企業の信用力を強化など

**④業績が悪化した中小企業における事業承継**

・私的整理・法的整理（民事再生・会社更生・倒産）を視野に入れた準備

・リストラの実施など

**Step4-1：事業承継計画の策定（親族内・従業員承継の場合）**

・人（経営権）、資産、知的資産の全ての構成要素の承継計画が必要
・会社の10年後を見据えた計画の策定

Point

「引き継ぎ」に重きを置くわけではなく、10年後、20年後の会社の姿（ありかた）をイメージし、そこから逆算する。

現経営者・後継者・従業員・親族等の関係者間で意識の共有をどう図るか。後継者が決まっている場合は、現経営者と後継者が対話しながら承継計画を策定していくプロセスが重要。後継者が決まっていない場合は、どういう方針で決めるのか、いつまでに、どうやって決めるのか等を次のア～オの点を踏まえて具体化していく。

また、多くの老舗企業をイメージすればわかるとおり、「今後」だけでなく、思い、価値感、信条、企業の成り立ちや変遷、転機などの共有も重要である。

〈事業承継計画の策定プロセス〉

ア．自社の現状分析
イ．今後の環境変化の予測と対応策・課題の検討
ウ．事業承継の時期等を織り込んだ事業の方向性の検討
エ．具体的な目標（会社としての中長期目標。売上、利益、マーケットシェア等）の設定
オ．円滑な事業承継に向けた課題の整理（資金調達を含む）

---

**Step4-2：M&A等のマッチング実施（社外への引継ぎの場合）**

〈M&Aのプロセス〉

・意思決定
・仲介者・FA（フィナンシャル・アドバイザー）の選定
・バリュエーション（企業価値評価・事業価値評価）
・譲受側の選定（マッチング）
・交渉
・基本合意の締結

・デュー・ディリジェンス（ＤＤ）
・最終契約の締結
・クロージング

※中小企業庁が２０２０年3月に公表した「中小M&Aガイドライン」参照
※特に、仲介者以外に、専属のＦＡ及び専門家の関与・アドバイスを受けることが重要。これがないとリスクヘッジできなかったり、不利な条件で契約までつき進んでしまうことがある。

**Ｓｔｅｐ５：事業承継の実行**

・Ｓｔｅｐ1〜4を踏まえ、把握された課題を解消しつつ、事業承継計画やＭ＆Ａ手続等に沿って資産の移転や経営権の移譲を実行
・専門家チームの協力など

これらのステップはあくまでも参考なのですが、事業承継の流れをイメージするも

のとしてはわかりやすいかと思います。

ポイントとしては、Ｓｔｅｐ1から3までの「プレ承継」が不十分なまま親族承継・従業員承継又はＭ＆Ａに突き進んでしまうと、思いがけない障害にあったり（頼みにしていた親族や従業員に断られた、他の親族や従業員の反対にあう、事業承継そのものが間に合わず、紛争に発展してしまう等）、Ｍ＆Ａで不必要に買いたたかれてしまったり、買い手が現れたとしてもガバナンス等が不十分で断念せざるを得なかったりする可能性があるという点です。特にＭ＆Ａ市場が現在急速に拡大していますが、組織化が不十分で社長の個人手腕に頼りすぎていたり、財務状態が悪かったり、コンプライアンスリスクがあったりして、売り手企業の価値を十分伝えられず、ディールそのものが頓挫してしまうケースもあります。

このような事態を招かないために、本書で提唱しているコンセプトがあります。あらためて、コンセプトの意義についても確認しておきましょう。

## 先人の「思い」を理解していますか？

コンセプトは、事業承継全体に深く関連するものであり、そこには経営者の事業に対する〝思い〟が関係しています。それらが具体化されることで、経営の指針になるとともに、事業承継における意思決定の土台となるのです。

ただ、「会社を将来どうしたいのか」という大きなテーマは、そう簡単に決まるものではありません。創業時の精神を引き継いでいればそれが基礎になりますが、そうでない場合は、会社や事業にじっくり向きあう必要があります。

とくに経営者が、何を重視し、どのように経営を行ってきたのかを明らかにすることが求められます。そこに会社の根幹があるのであり、従業員や取引先、さらには顧客から選ばれてきた理由があるからです。

もっとも、コンセプトを決めるにあたり、やるべきことはそれほど多いわけではありません。詳しい内容は後述しますが、きちんと時間をかけて手順を踏んでいけば、誰でもコンセプトの設定と共有を行うことができます。

何よりも大切なのは、その会社にとって大切な理念を明らかにすることです。つまり、その会社がどのようなことを重視して事業をつくり、育て、連綿と経営・業務を行ってきたかのかという点を見える化することに尽きると思います。

例えば、私が現在所属している事務所（新堂・松村法律事務所）であれば、経営理念として「依頼者と共に考え、共に歩む」を掲げています。そこには、他の弁護士事務所とは異なる特徴があり、そのポイントがきちんと言語化されているのです。

弁護士に対してどこか〝固い〟イメージをお持ちの方も多いかと思いますし、実際に「こんなことを相談していいのかわかりませんが……」という前置きでご相談に来られる方も多くいらっしゃいます。しかし、私達は、あくまでも依頼者に寄り添い、共に伴走していくイメージを強く持った事務所でありたいと考えています。つまり、専門家として上から目線になるのではなく、横に並んで一緒に問題解決へと進んでいく姿勢です。事実、メンバーは皆、そのような理念のもとに仕事をしています。加えて採用時には、「依頼者と共に考え、共に歩む」という理念に共感してくれる弁護士や従業員に参画してほしいと、常に考えています。

この例からも明らかなように、まさに理念が経営を支えているわけです。

しかも会社は、理念を維持したまま次世代へとつながっていきます。そうすると、理念を踏襲したリーダーの育成が欠かせません。そのように未来から逆算した準備を積み重ねているのです。

とくにリーダーの育成は難しい部分がたくさんあります。第一章で紹介した西尾社長も苦労されていたとのことでしたが、複数人のリーダーを育て、その中から後継者を選ぶのはさらに大変です。

例えば、いくら能力が高くても、組織をまとめられない人はトップにはなれません。その点、他人に配慮する姿勢や高度なコミュニケーションスキル、さらには人徳なども備わっている必要があります。

後継者の選択で失敗してしまうと、社内に派閥ができてしまったり、仲間割れが生じてしまったりするかもしれません。そこまで考えて、時間と労力をかけて次世代のリーダーを育てていくことが大切なのです。

次章では、コンセプトに基づいた事業承継の方法論、その「理論と実践」について詳しく見ていきましょう。

# 第5章

# 事業承継は「コンセプト」で決まる！
# コンセプトの作り方と活用法

第五章では、コンセプトに基づいた事業承継について、その理論的な背景や具体的な方法論について紹介していきます。まずは「理論編」として、その土台となる発想や考え方について確認しておきましょう。

## ●――理論編：コンセプトの概要

### 事業承継に「コンセプト」がないとどうなってしまうのか？

これまでにも見てきたように、事業承継には大きく「人（経営）の承継」「資産（有形資産）の承継」「知的資産の承継」の3つがあります。そのうち、一般的に認識されているのは「人（経営）の承継」についてです。

ただ、人の承継にだけフォーカスしていては、事業承継をスムーズに進めることができません。なぜなら、「会社をどうしていくのか」という大きな方針を共有していなければ、先代と後継者の認識をすり合わせるのが難しいためです。

それは同様に、資産の承継についても言えます。とくに株式や不動産が問題になりやすいのですが、事業承継には相続の問題が絡むことも多く、先代社長の親族も含めて会社の方針を共有しておく必要があります。

そのようにして、すべての関係者間で相互にコミュニケーションを取りながら、あらかじめ利害の対立を回避していくこと。その上で、会社をさらに成長させるべく、具体的な施策を進めていくことが事業承継の理想です。

事業承継に関連する各種の手続きやテクニックに関しても、そのための土台がきちんと構築できていなければ機能しません。各種のＨｏｗ ｔｏや節税対策だけを見ていても、事業承継は成功しないのです。

先代と後継者の関係性だけを切り取ってみても、同じ方向を見ていなければ、「自分のやり方を踏襲しろ」「親父のやり方は時代遅れだ」などと、対立することは往々にしてあります。そしてそこには、コンセプトの共有がありません。

本来であれば、会社、従業員、取引先、その他のことまで考えて、コンセプトに基づいた今後の方向性を導き出した上で、「具体的にどうすればいいのか」を冷静に話し合うことが求められます。

当然、相互理解には時間もかかるでしょう。ただ、そもそも何のために会社が存在するのか、というコンセプトの共有があれば、「何十年も会社を存続させること自体が難しい。それを成し遂げた先代のやり方にも一理ある」「その上で、新しい経営理論なども実験的に取り入れながら会社を成長させていこう」など、建設的な話し合いができるはずです。

そうした段階を経ることなく、いざというときに慌てて対処することになれば、失敗するのはある意味当然かもしれません。やはり大切なのは、お互いに同じベクトルを向いて事業を承継するための仕組みなのです。

コンセプト、という英語は一般に、概念や全体を貫く基本的な観点・考え方と訳されます。

本書において、会社におけるコンセプトとは、「会社を通して実現したい価値感や思想。世の中に認知されたい会社のあり方」と定義します。

コンセプトは、経営理念、ビジョン、信念、信条、ステートメント等を包含し、会社のあり方を定めるものです。あり方とやり方は違います。あり方の共通認識があって、初めて方法論（やり方）を論じてこそ、同じ土俵で話ができるようになります。

この会社のあり方こそが本書でいうコンセプトです。

## ■経営者同士が協力するために必要なこと

少し視点を変えて考えてみましょう。

例えば、A社とB社という別々の会社があった場合。両者の経営者が協力するためには何が必要でしょうか。当然、利害関係の一致が不可欠ですが、それ以上に、お互いの信頼が欠かせません。

そしてその信頼とは、良好な人間関係を根底にしているのはもちろん、お互いに目指しているもの、具体的には「理念」や「ビジョン」の一致が見られることによって、より強固なものとなります。

簡単に言うと、会社ぐるみで社長同士が協力しあうにはお互いにリスペクトし合っている必要がある、ということです。そしてそれは、身内である親子でも、仲間である従業員でも同じです。

もちろんそこには、表面的なリスペクトだけでなく、それぞれの考えや実績なども踏まえて深くコミュニケーションを取った上での尊敬があるべきです。もし、その関係性が浅ければ、ちょっとしたことで仲違いしたり敵対したりしてしまうでしょう。

一度壊れてしまった人間関係の修復が非常に難しいように、それが事業承継や相続という利害を伴う対立になると、それこそ最終的には裁判にまで発展する可能性があります。だからこそ、根底には相互理解が欠かせないのです。

その点において、本書におけるコンセプトとは、世代や経験、あるいは思想などの相違がある人間同士が、同じ方向を向いて会社を未来につないでいくための「共通言語」と言えるかもしれません。

ここで危険なのは、特に親族承継でありがちなのですが、「自分の子どもだから分かってくれるはず」「家族なら自ずと理解できるはずだ」「親なのになんで分かってくれないのか」といった感情です。このような阿吽の呼吸や暗黙の了解に頼りすぎていると、思わぬ失敗につながります。現経営者も後継者も、共に大人であり、経営者という意味では同じ立場です。それが、「これまで会社を率いてきた経営者」なのか、「これからの会社を担う経営者」なのかの違いしかありません。

親族承継であろうが、従業員承継であろうが、第三者承継（M&A）であろうが、事業承継の基本は同じです。会社として目指すべき目標の設定と、それを達成するための仕組み化が重要となるのです。事業承継はそのための手段の一つにすぎません。コンセプトのない行き当たりばったりの事業承継は、その会社が何のために存在するのかという存在意義や目標との関係性が明確でないために、成功するか失敗するかが偶然に頼ることになってしまい、「こんなはずじゃなかった」という結論になってしまったり、事業承継そのものはうまくいったとしても、従業員の反発を招いたり、自社の価値を無用に下げてしまったりします。このような事態を防ぎ、偶然に頼らず事業承継を成功に導くには、やはりコンセプトの言語化とその共有が欠かせないのです。

## 事業承継は文化の醸成と引き継ぎ

次世代のリーダーを育てることは、社長にとって欠かせない重要な仕事です。売上・利益の向上や経費削減だけでなく、会社を未来につなげるためにも、次のリーダーを育てることに力を尽くす必要があります。

とくに中小企業においては、後継者候補が親族（息子や娘、親戚等）であることも多いかと思います。そのため、お互いにそれほど深い話をしないまま、事業承継へと至ってしまうケースが多いのです。

例えば、現社長としては、「いずれあいつが社長を引き継いでくれるだろう」と考え、具体的な準備等はせず、社長業に励みます。ここでいう社長業とは、主に営業を中心とした売上拡大や商品開発であり、第4章で述べた会社の根幹をなす知的資産の承継活動が含まれていないことがほとんどです。また後継者としても、「そのうち社長の座を明け渡してくれるだろう」などと考え、いずれも楽観視しているわけです。

もちろん、それで事業承継がうまくいけばいいのですが、現実には、これまでにも見てきたように、様々なかたちで事業承継が失敗に至るケースが後を絶ちません。

そしてその理由の多くは、適切な事業承継に必要とされる準備や手順が十分に配慮されておらず、またその前提となるコミュニケーションができていないことにあるのです。例えば、それまで何のコミュニケーションもなされていないまま、いきなり役員や従業員に次期社長を打診しても断られるのは当然です。また、子供が役員などに就任しており、なんとなく次期社長なんだろうと周囲も自分も思っていたとしても、現社長とのコミュニケーションが不十分なまま「親父のやり方は古い」「もっと早く相続対策してほしい」などといきなり要求しても、「この会社をここまでにしてきたのは誰だと思ってるんだ」という感情論になってしまうのは当然なのです。

適切な事業承継に必要とされる準備の中でもっとも重要なのが、後継者を含む「リーダーの育成」です。次の社長はもちろん、会社を支えてくれる各部署のリーダーをきちんと育てておかないと、会社を組織化することができず、また先代社長が持つスキルやノウハウを十分に引き継ぐことができません。

つまり、事業承継におけるリーダーの育成は、次の点を踏まえて検討し、実施していくことが求められるのです。

- 会社の組織化（ガバナンスの強化）
- 文化、スキル、ノウハウ等の伝承（会社の根幹であり、プロジェクトとして取り組む）
- 次世代リーダーに求める条件の明確化
- 次世代リーダー候補者の選定
- 次世代リーダーの育成計画の策定・実施

・手続き上の引き継ぎ（事業承継に必要な通常の手続き）

リーダーの育成は、現社長が率先して行う必要があります。その中で、経営理念の浸透、文化の醸成、スキル・ノウハウなどの知的資産の言語化や引き継ぎが実施されるからです。

「社長」というのは単なる器です。立場が人を作る、ということもありますが、事業承継を成功させる観点からは、先にリーダーの育成を行い、その会社の目的やあり方との関係でふさわしいリーダーシップを取れる人に社長を任せることが重要となります。また、その期待値を次世代のリーダー達に伝えることも現社長の重要な役割です。

## ■自分がいない〝未来の会社〟に想いを馳せてみる

事業承継におけるリーダーの育成は、通常の人材育成とは異なります。繰り返しになりますが、事業承継におけるリーダーの育成とは、会社を組織として機能させつつ、理念やビジョンを共有した責任者を育てる必要があるためです。

「法人」の機能や性質からも明らかなように、社長がワンマンとして実力を発揮している状態では、その社長がいなくなると会社が機能しません。当然、社長は不老不死ではないため、事業承継においては組織を変化させなければなりません。

要は、社長自身が行っていたことを、組織全体として実施できるようにすること。そのためには、社長と同じように会社のビジョンや理念、文化、会社が進むべき方向を共有し、部下を育成し、潜在的能力を引き出し、実力を発揮させることができるリーダーがいることが不可欠です。

大企業をはじめとする組織化されている会社は、それができています。場合によっては、会社を切り離してグループ化したり、他の会社を吸収して同じように組織化したりしているケースもあります。

いずれにしても、社長の属人的な力量に頼っていたところから、会社を組織として変えていくこと。その前提として、リーダーの育成を社長自ら行うことが大切です。そしてそれには、相応の時間がかかります。

ゴーイングコンサーンは、会社を継続させるのが基本であるものの、それは規模の拡大だけを意味するのではなく、時代の変化に応じて変わっていくことも含みます。特に現代社会においては、時にドラスティックな変化が求められます。例えば、コロナ禍における急速なリモートワークの浸透、ＳＮＳの発達によるコンプライアンスの意識の変化、少子化に伴う従業員が会社に求めることの変化、災害・戦争などの対外的要因による変化など、多くの企業が変化を迫られていると感じているのではないでしょうか。

そして、個人として変わっていくのではなく、会社全体として変化するためには、変化できるような企業であることが必要です。つまり、会社が組織として機能しており、全体としてあるべき姿に向かっていけるという状態です。

そう考えると、事業承継におけるリーダーの育成がいかに重要なのかもお分かりいただけることと思います。チームをつくり、部門をつくり、それぞれに適切なリーダーをおいてこそ、それが可能となるのです。

現社長としては、ぜひ、自分がいない未来の会社についても想いを馳せてみてください。そのとき、どのような組織ができていればいいのか、あるいはどのようなリーダーがいればいいのかを、想像してみるのです。

その結果、事業承継を控えた今のタイミングにおいて、やるべきことが明らかになります。少なくとも、組織化とそれに伴うリーダーの育成はすぐに着手するべきだと実感できるのではないでしょうか。

難しく考える必要はありません。ポイントは、組織化を前提にしてリーダーを育て、コンセプトを引き継いでいくこと。それができれば、今と同じように、あるいはそれ以上の会社をつくることができるのです。

そして、これを実行していくことは、事業承継のためだけに機能するわけではありません。ですから、次の社長候補がまだいなかったとしても、始めることができます。組織化が実現できれば、会社自体がリスクに強い体質になることは誰しも異論がないと思います。でも、実際にはなかなか実現できない、と思っていらっしゃる方も多いでしょう。そこで、まずは、コンセプトの社内への共有から始めてみてはいかがでしょうか。

## 会社のコンセプトを共有するためには？

リーダーの育成とコンセプトの共有はつながっています。社内の組織化を進め、部署や部門ごとにリーダーを選出しながら、管理職としての力量を高めてもらう。その過程で、会社のコンセプトを理解してもらい、浸透させていきます。

あるいは、コンセプトをもとに組織・ガバナンスのあるべき姿を模索し、文化の醸成も含めて全社的な共有を果たしていくことも可能です。いずれにしても、それらの中心にあるのは常に、会社のコンセプトです。

そのように、事業承継をトリガーにして会社が進化・発展していくと、これまで社長の属人的なスキルに頼っていたものが、組織全体の能力やノウハウとなり、経営者は本来やるべきマネジメントや会社の未来戦略にフォーカスすることができるようになります。

そうして会社は、対内的にも対外的にもさらに大きく成長していきます。

この点については、いくら強調しても強調しすぎることはないと思います。それは会社における〝脱皮〟であり、進化であり、事業承継における最大のメリットがここにあります。

残念ながら、節税や手続きにのみフォーカスしていると、そのような事業承継の素晴らしい点が見落とされてしまいます。それらはあくまでも、一過性の利点でしかなく、長期的なメリットをもたらすわけではありません。

むしろ、これからも続いていくであろう事業の未来を踏まえて、事業承継と向き合い、リーダーの育成とコンセプトの共有をきちんと行っていくこと。そうしてこそ、事業承継は最大のチャンスになるのです。

ただし、繰り返しになりますが、リーダーの育成やコンセプトの共有には一定の時間と労力が必要です。それこそ、10年単位で計画を立てて実践することが望ましいでしょう。それだけの時間が確保できない場合でも、早いうちに着手し、計画的に進めていくことが大事です。

コンセプトについて深く理解してもらい、それを実現するために会社として何に取り組んでいくべきかを全体で考えるだけでも、相応の時間がかかります。その会社においてリーダーに求める条件を明確化し、その条件に見合ったリーダー候補者を選出し、その人材を育成しながら、彼らにコンセプトを体現してもらい、それをすべての従業員にまで浸透していくこと。それが日々の仕事にも反映されてこそ、社外にまでコンセプトを伝えられるようになります。

## ■コンセプトを伝えるための環境整備

事業承継におけるコンセプトの共有は、人と人とのコミュニケーションと似たところがあります。つまり、ただ一方的に情報を伝えるだけでは腹落ちせず、相手が自分ごととして捉えられるまで、丁寧に対話を重ねていく必要があるのです。

対話ができる環境がなければ、話し合いはうまくいきません。それも、習慣としての「対話の場」をあらかじめ用意しておかないと、会社の理念や文化という伝わりにくいものを伝授することはできないでしょう。

それもまた、事業承継の準備としての土台作りとなります。当然、「社長とそれ以外」という枠組みだけでなく、チームや部署を横断するかたちで横のつながりもつくっておき、相互に話し合える環境整備が求められます。

もっとも、普段の業務がある中でそうした環境をつくるのは大変でしょう。参考にしたいのは、第一章の事例で紹介した西尾社長が実施しているプロジェクトなどですが、そうした工夫はすぐにでも始められます。

あとは実践しながら、「より工夫できるところはないだろうか」「どうすればさらに対話が深まる環境を作ることができるか」などを考え、試行錯誤していくことが大切です。あくまでも重要なのは、コンセプトを伝えられる土壌の構築です。

その際には、一般社員にとって、「トップや経営層、あるいは管理職の人が自分たちの話を聞いてくれる」「忌憚のない意見交換ができる」などの心理的安全性が保たれている状態を念頭に置いてみてください。それができてこそ、トップや経営層からの話も聞いてもらえる体制が整います。最初は、なかなか意見が出てこなかったり、面倒に思われたりするかもしれません。

しかし、大企業では、新入社員教育の段階から、「この会社はなぜ、なんのために存在するのか」という経営理念や社会に与える影響、どんな価値を提供したいのか、ということを考える時間を持ちます。何かトラブルやヒヤリハット事例が起きた時に、そこに立ち返って解決策や再発防止策を考える、あるいはそういった事態が起きないように予防するために日頃からどんな注意ができるかを考えられるようにするためです。最初は、会社への不満しか出てこないかもしれません。ですが、根気強く、会社のコンセプトを現場レベルで共有し、工夫し、対話できる環境を一歩一歩作っていく努力が必要です。

こういった取り組みをする機会がなかった中小企業においては、事業承継はまさに千載一遇のチャンスです。事業承継を単に「社長交代」ではなく、会社を強くするチャンスと捉え、従業員にも協力してもらうきっかけとしましょう。重要なのは、事業承継をきっかけにこのような取り組みを中長期的にしておくことで、実際に事業承継のステージを迎えた時の選択肢が広がることです。この取り組みを通じて、自社内に適切な後継者が見つかるかもしれませんし、見つからなかったとしても、第三者に会社や事業を売る（M&A）可能性も広がります。

しかし、社長や特定の個人にスキルやノウハウが集中し、属人化したままでは、社長が高齢になってから急に後継者探しをしたり、M&Aの買い手を探すのは、十分な準備がないまま見切り発車することになるため、自ずと難航してしまいます。これは、自分が後継者の立場、あるいは買い手の立場になったと想定して考えれば容易に想像できることです。

また経営層が家族や親族で固められている場合には、一般社員との壁ができていることもあるかと思われます。そのような場合は、まず壁を取り払う努力が必要です。状況に応じて、組織再編も辞さない姿勢が求められます。

その上で、古参社員や経営幹部、さらには外部の専門家などを交えて、一緒にビジョンを明確化しながら、社員と共有する話し合いをもつこと。それが、事業承継におけるコンセプト共有の基本的なあり方となります。

もちろん、伝え方の方法は一様ではありません。朝礼や会議の場で伝えることもあれば、文字情報としてホームページに落とし込んだり、あるいは手紙などで直接伝えることもできます。いずれの方法も、コンセプト共有の姿勢として重要です。

## ●――実践編：コンセプトに基づく事業承継の4ステップ

ここからは「実践編」として、実際にコンセプトを設計し、これに基づいた事業承継を進める際の方法論を紹介していきます。より実践しやすいよう、わかりやすくシンプルにまとめた「コンセプトに基づく承継の4ステップ」に則ってみていきます。
全体の流れは次のようになります。

〈コンセプトに基づく承継の4ステップ〉
①コンセプトの設計
⇓
②コンセプトの共有
⇓
③次世代リーダーに求める条件の明確化、リーダー候補者の選定、育成
⇓
④具体的な事業承継の方法の決定
※後述するように②と③は並行して行うイメージと考えてください。

## (1) コンセプトの設計

ステップ1は、「コンセプトの設計」です。多くの企業の場合、創業の理念や創業者の思いなどが既にあるかと思いますし、それが既に経営理念として掲げられている

企業も多いでしょう。もしない場合は、事業承継をきっかけに言語化、明確化する作業から始めます。すでに存在する企業においても、現状の社内外への浸透状況、共感度、実践度合い等を見て、微修正を行っていくことが必要です。

創業の理念は、つまり「なぜこのビジネスをやろうと思ったのか?」「なぜ会社を立ち上げたのか?」など、基本的な問いへの答えが中心となります。まずは、当初の目的に立ち返って考えてみてください。

〈コンセプトを明確にするための問い（例）〉

- なぜこのビジネスをやろうと思ったのか?
- なぜ会社を立ち上げたのか?
- 社会（顧客）に対してどのような価値を提供したいのか?
- 自社の活動を通してどのような世の中をつくりたいと思うのか?
- 過去、現在、未来を通じて自社をどのような言葉で定義できそうか？　他

その際には、創業者の言葉や残した資料をもとに、経営陣でそれらの回答を絞り込

んでいく作業も有効でしょう。もちろん、話し合いの中で新たに決めることもできます。いずれにしても、その会社の〝コア〟を明確にすることが大切です。

参考までに、中小企業庁が発行している「中小企業白書」から、経営理念やビジョンの具体的な定義や意義、さらにはその構成要素について確認してみましょう。それらをヒントに、自社のコンセプトを明確にするのも良いでしょう。

「中小企業白書」では、経営理念・ビジョンを「経営者および組織体の明確な信念・価値観・行動規範」と定義しています。その上で、次のような3つの要素に分け、その先にある経営戦略・戦術へと結びつけています。

〈経営理念・ビジョンの3要素〉

・コアバリュー

組織の指針となる原則と信条（変化することはほぼない、普遍的な価値観）

・パーパス

組織が存在する根本的な理由、存在意義（100年にわたって企業の拠り所となるもの）

・ミッション
組織が目指す明確なゴール。組織成員と登ろうとする高い山（理想的な組織としては、10～25年で変化するもの）

中小企業白書はこの3要素について、次のように述べています。「Collins・Porras（1995）は、経営理念・ビジョンとは〔1〕コアバリュー、〔2〕パーパス、〔3〕ミッションの三つの要素で構成されると説明し、経営理念・ビジョンと経営戦略、経営戦術の関係を示している（次図参照）。優れた企業が持つ経営理念・ビジョンとして、「明確さ」（組織内できちんと理解されていること）と、「共有」（組織成員が賛同し、組織に浸透していること）の二つの条件を指摘し、これらが満たされることで経営理念・ビジョンが初めて真の効果を発揮すると説明している。他方で、二つの条件を満たしていない組織は、取り巻く環境の変化や課題に対する経営戦略が曖昧となり、対症療法的な経営判断や戦術遂行とならざるを得ないと指摘している」

## 経営理念・ビジョンの構成要素

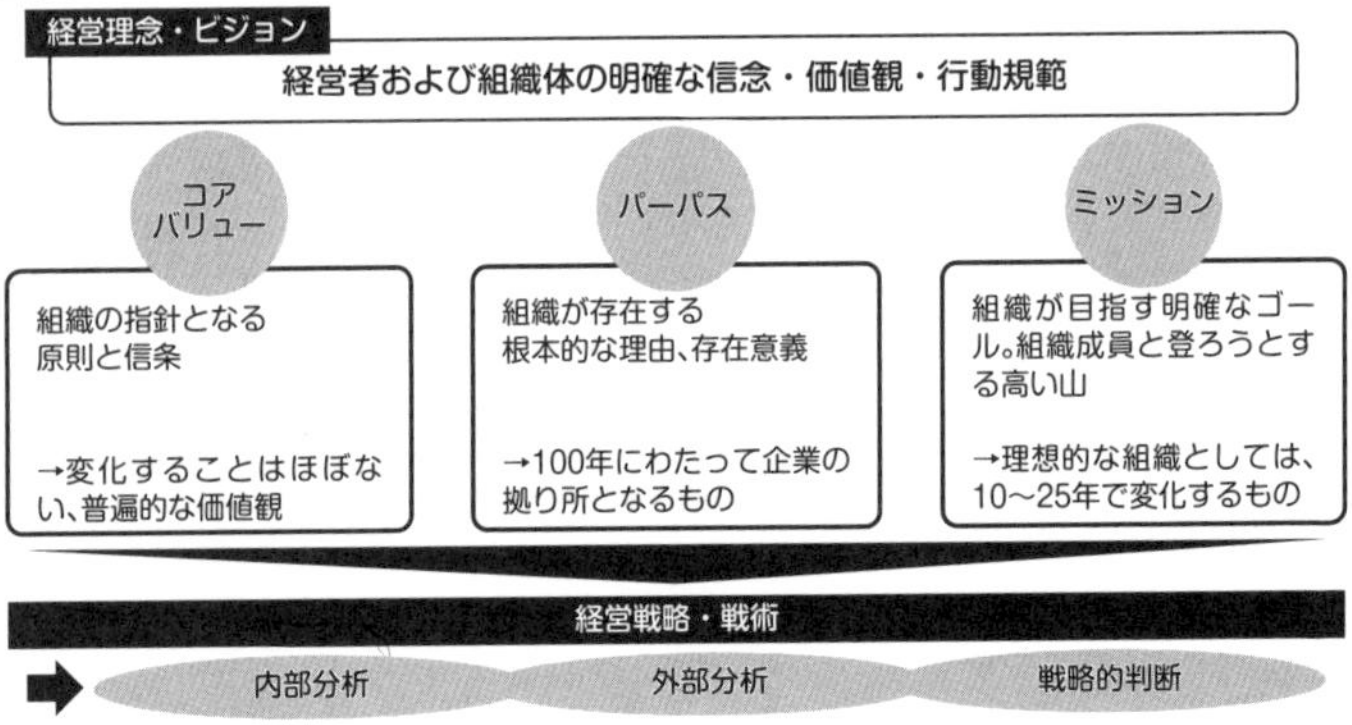


### 優れた経営理念・ビジョンの条件

➢「明確さ」
経営理念・ビジョンで掲げる内容が組織内できちんと理解されていること

➢「共有」
組織成員が経営理念・ビジョンで掲げる内容を賛同し、組織に浸透していること

https://www.chusho.meti.go.jp/pamflet/hakusyo/2022/chusho/b2_2_3.html

ここでは、『ビジョナリー・カンパニー』の著者であるジム・コリンズ、ジェリー・ポラスの言葉を引いて解説されています。ポイントは「明確さ（経営理念・ビジョンで掲げる内容が組織内できちんと理解されていること）」と「共有（組織成員が経営理念・ビジョンで掲げる内容を賛同し、組織に浸透していること）」にある点に注意してください。

つまり、経営理念やビジョンが存在していたとしても、明確でなかったり、現在の事業内容と合っていなかったり、従業員の共感や賛同が得られておらず、浸透していないとしたら、事業承継をきっかけに見直しが必要となります。そして、これらを事業承継をきっかけに見直したことにより、従業員の統率やモチベーションの向上につながったと実感している企業が多いことも、中小企業白書のデータによっても明らかとなっています。

同資料内では、東京商工リサーチが実施した調査結果も掲載されています。それによると、経営理念・ビジョンの具体的な内容（文言）としては、「顧客・取引先」「社会」「社員」といったステークホルダーを意識した経営理念・ビジョンを掲げる企業が多いことがわかります。

その他にも、次のようなキーワードが見られます。

〈経営理念・ビジョンのキーワード例〉

・貢献
・成長・発展
・信頼・信用
・幸せ・幸福
・安心・安全
・笑顔・喜び
・価値
・環境
・誠実・堅実・実質
・創造
・満足

また、参考までに、多くの人に知られている有名企業では次のような経営理念やビジョンを掲げています。ぜひ、自社のコンセプトを明確にするためのヒントにしてみてください。

経営理念・ビジョンの具体的な内容

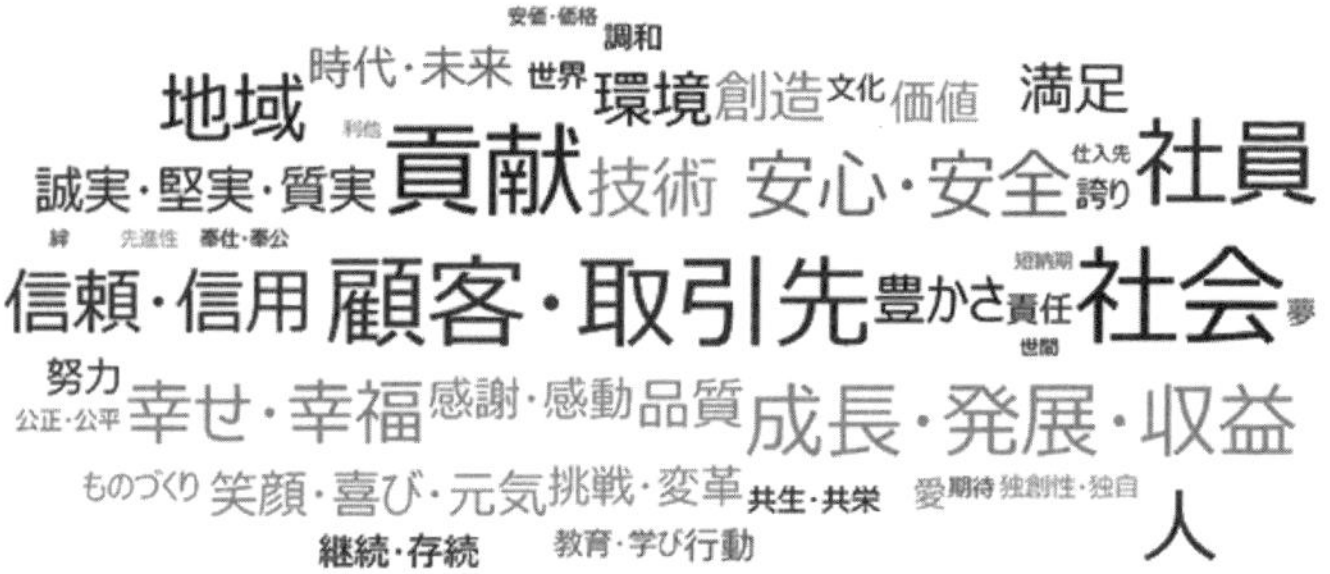


(n=2,451)

資料：（株）東京商工リサーチ「中小企業の経営理念・経営戦略に関するアンケート」
（注）
1.調査対象企業の経営理念・ビジョンの内容を自由回答形式で調査し、回答結果を（株）東京商工リサーチがアフターコーディングの手法により集計したもの。
2.経営理念・ビジョンを明文化している企業に聞いたもの。
3.文字の大きさが回答件数を示しており、文字の色は同系統の回答内容を表している。

https://www.chusho.meti.go.jp/pamflet/hakusyo/2022/chusho/b2_2_3.html

・Amazon.com
企業理念「地球上で最もお客様を大切にする企業であること」

・イオン株式会社
基本理念「お客さまを原点に平和を追求し、人間を尊重し、地域社会に貢献する。」

・江崎グリコ株式会社
企業理念「おいしさと健康」

・株式会社島津製作所
社是「科学技術で社会に貢献する」

・ソニー株式会社
Purpose「クリエイティビティとテクノロジーの力で、世界を感動で満たす」

・株式会社日立製作所
企業理念「優れた自主技術・製品の開発を通じて社会に貢献する」
・株式会社ファーストリテイリング（ユニクロ）
ステートメント「服を変え、常識を変え、世界を変えていく」

## (2) コンセプトの共有

ステップ2は、「コンセプトの共有」です。とくに、社内の次世代リーダー候補者はもちろん、全社員に対してコンセプトを浸透させ、普段の仕事へと具体化していくことが求められます。

繰り返しになりますが、ここでの「共有」には次のような意味を含みます。
・組織成員（役員・社員等）が経営理念・ビジョンの内容を理解し、賛同している

・経営理念・ビジョンが組織内に十分浸透している

つまり、そこで働いている人や関係者も含めて、経営理念やビジョンを理解し、賛同していることに加え、組織全体に浸透していることも求められるのです。それらが実現できてこそ、「共有」されている状態と言えます。

中小企業白書によると、既に事業承継を経験した会社において、後継者が先代から経営理念やビジョンの教育や指導を受ける機会があった企業はわずか3割です。そして、このような教育・指導を受ける機会があった企業ほど、コロナ禍等の有事における経営判断において、この経営理念やビジョンをよりどころにしていたことがうかがえます。

このように、理念は作りっぱなしでは意味がありません。すでに会社の経営理念や「ビジョン・ミッション・バリュー」などを掲げている場合は、それを社内に浸透させていくかたちで構いません。あるいは、それらをより社員が理解・実践できるように活かしていきましょう。

経営理念を従業員レベルで共有する、といった場合、その度合いに応じて、①認知、

②理解、③共感・共鳴、④行動への結びつき、という4段階があります（中小企業白書参照）。

自社の現状を分析して、そもそも認知や理解が不十分だとしたらそのための対策をする必要がありますし、認知や理解はされているのに共感が得られず、行動への結びつきに至っていないのだとすれば、理念の見直しも必要かもしれません。あるいは、経営者の思いが十分理解されていないのかもしれません。

例えば、パンフレットやホームページに理念を掲載しているだけでは、認知はされていても、理解の段階にまで進んでいないことが大半です。また、「標語」や「スローガン」のようなものは、その会社のコンセプトとは乖離している可能性もあります。一方、従業員が会社の理念に共感し、行動に結びついたと実感している企業においては、それだけが要因ではありませんが、労働生産性の上昇に結びついているというアンケート結果もあります。

ここで重要なのは、経営理念やビジョンは、事業承継、とりわけ後継者を含む次世代リーダーの選抜・育成とも密接に関連しているという理解です。会社を経営したり事業を推進したりするためだけでなく、事業承継においても非常に力を発揮するものと考えてください。

実は、この点を強調している人や書籍はあまりありません。経営は経営、事業承継は事業承継というように、それぞれ切り離してとらえているものがほとんどです。しかし両者は、「企業の継続・発展」という文脈で強く関係しているのです。

そうした認識を前提に、どう共有していけばいいのかを考えていきましょう。

## ■コンセプトを伝える方法

Appleの創業者であるスティーブ・ジョブズは、「シンプル」という経営哲学を掲げていたことで有名です。その哲学や考え方に人々が賛同し、製品開発や人材採用においても重視されながら、支持を拡大していったわけです。

とくにAppleの場合、そうした哲学や思想を徹底的に製品に落とし込み、一つの世界観を醸成していることが特徴です。当然、製品が完成するまでの過程には、ジョブズの厳しい指導や話し合いがなされてきたと予想されます。

それでも、妥協することなく生み出された製品には、その哲学が細部まで反映されており、しかもそれがユーザーにまで伝わります。要するに、社内だけでなく社外にも同社の精神が伝えられているのです。

そこまでいくとブランディングの話になってしまいますが、ここでお伝えしたいのは、自社の経営理念やビジョンを徹底的に意識し、それに現場の従業員が共感し、賛同していることが、商品やサービスのあるべき姿やクオリティ、ひいては普段の仕事の仕方や働き方にも影響するということです。

世界観という意味で言うと、ディズニーランドなどもわかりやすいかと思います。ディズニーのサービスは、どこであってもその世界観が崩れません。その背後には、徹底的な教育と実践の積み重ねがあります。

当然、経営理念やビジョンの内容を、全スタッフが理解し賛同していることでしょう。そこまで詰めて徹底できるかどうかが、商品開発や提供サービスの差、仕事へのモチベーション、ひいては組織力の差となるのです。

しかしながら、中小企業白書によれば、経営理念・ビジョンを従業員が理解していると回答した割合が8割以上であるのに対し、従業員の自律的な行動にまで結びついていると回答した企業は5割を下回ります。これは、マネジメント層は経営理念を理解し、共感していて行動に結びつけることができていたとしても、全社的に理念を浸透させることが難しいということを表していると思われます。

では、どのようにすれば全社的にコンセプトを共有できるようになるのか。

重要なのは、

①経営者自ら、自社の存在意義やあるべき姿を積極的に発信していくこと

②研修などを通じた教育

③日々のコミュニケーションにおける啓蒙

の3点です。

この中でも特に重要なのは③の「日々のコミュニケーション」です。いくら社長が毎週の朝礼で自社の存在意義や理念を熱弁したとしても、従業員が日々のコミュニケーションを通じて納得感を得ていなければ、行動の変容には結びつきません。

IT技術の進化などにより、便利で多様な働き方が可能になった一方、コミュニケーションを課題に感じている企業はまだまだ多いのが現状です。私のところにも、テレワーク下におけるコミュニケーション不足や、世代間ギャップ、上司・部下の考え方の違いによるすれ違いから、ハラスメントや離職を始めとするどのような問題が起き

るのか、またそれらを予防するためには何が大切か、といった研修の依頼が数多くあります。

コミュニケーションの具体的な方法としては、対面での会話、オンライン会議、電話、SNS、メール、手紙、社内イントラネットなど、様々なものがあります。ここで気をつけなければならないのは、人間は多くの情報を非言語的コミュニケーションに頼っているということです。同じことを伝えるのでも表情や身振り手振りなどが加わることにより、受けとめ方が変わります。また、人間は、短時間のコミュニケーションを繰り返す方が、一度に長時間コミュニケーションをとるより親近感を感じやすいという特徴を持っています。さらに、自社のコンセプトを浸透させていくには、従業員がこのコンセプトに沿った行動をしたとき、すかさず「褒める」といったコミュニケーションも必要です。そして、すかさず「褒める」には、その行動に誰かが「気づく」必要があります。

このように、「日々のコミュニケーションにおける自社のコンセプトの啓蒙」は、一朝一夕に成り立つものではなく、一方で、単に「コミュニケーションを活性化しろ」と指示したところで、無意識なコミュニケーションを積み重ねるだけではいつまでたっても実現しないものなのです。

事業承継に成功している企業は、自社の存在意義や目指すべきゴールがこのような日々のコミュニケーションを通じて従業員に賛同されており、その結果、経営者が交代したとしても、経営判断がこのコンセプトという軸足に依拠している限り、ぶれることなく、持続していくことが可能になっています。

## (3) 次世代のリーダーに求める条件の明確化、リーダー候補者の選定、育成

ステップ3では、コンセプトに基づき、「次世代のリーダーに求める条件を明確化」し、その条件を基準として「リーダー候補者を選定し、育成」します。コンセプトを明確にしたら(ステップ1)、それを全社的に共有させていく(ステップ2)過程で、このステップ3も並行して行っていきます。

さて、ここで言う次世代のリーダーとは、後継者のことだけでなく、会社の幹部や管理職に就く人のことです。組織体制によっても異なりますが、部署や部門ごとに

リーダーを置くのが通例です。

創業当初は、社長をトップとしたフラットな組織であることも多いでしょう。そこから会社が成長するにあたって、部門が増え、人も増えていきますが、いずれ成長の限界が訪れます。

なぜなら、一人のトップが管理できる範囲は、無限ではないからです。いくら優秀な経営者であっても、個別に管理できる人数は限られています。特に、中小企業のトップの多くは、マネジャーであると同時にプレーヤーの役割も持つ、いわゆるプレイングマネジャーであるため、特にひとりで管理できる部下の人数(スパン・オブ・コントロール)が少ないと考えられます。つまり、プレーヤーとして重要な役割をしながら、マネジャーとしても部下の教育や評価、コミュニケーションをしようとした時、管理限界を超えてしまうとどちらにも支障が出てしまうのです。

では、どうすれば社内をきちんとマネジメントしたまま成長を実現できるのでしょうか。それが、これまでにも繰り返し述べてきている組織化です。

組織化をするには、複数のリーダーの存在が不可欠です。

もし組織化ができていない企業においては、事業承継のタイミングで実施すれば、現社長としても後継者としても、あるいは従業員や取引先などの関係者としてもプラスになります。組織化がある程度進んでいる企業においても、改めて明確にした自社のコンセプトを踏まえて「リーダーに期待する役割」を整理し、どんな人材がリーダーに向いているのか、その条件を整理することが重要です。多くの企業では、営業成績の高い人をマネジャーに抜擢しがちですが、営業成績が高い人がチームビルディングや後進の育成も得意とは限りません。部門によっても、リーダーにどんな役割を期待すべきかも変わるかもしれません。さらに、売上といった目に見える基準以外の評価基準が必要になるケースもあります。

そして、事業承継も視野に入れた組織化を実現する場合には、現在各部署にリーダーがいる、というだけでは不十分です。さらなる会社の発展を視野にいれ、「次世代のリーダーに求める条件を明確化」し、候補者を選定し、数年かけた育成を実施していく必要があります。

この「複数の次世代リーダーがいる」ということは、会社の価値を大きく高めます。全ての権限が社長に集中し、鶴の一声がないと何も決められない会社と、組織化が進み、権限が適切に委譲され、複数の次世代リーダー（または候補者）がいるという会社を比較した場合、どちらの会社が将来的な継続見込み（ゴーイングコンサーン）があるかを考えれば一目瞭然です。あなたが後継者候補だとしたら、あるいはM&Aの買い手だとしたら、どちらの会社を継ぎたい、あるいは買いたいと思いますか？

## ■社長の仕事の見える化

すでに何度も述べているように、本書における事業承継は、会社を後継者に引き継ぐだけでなく、組織としてどう活性化していけばいいのかを念頭に置いています。だからこそ、事業承継におけるコンセプトの共有と組織化およびリーダー育成を同列に捉えているのです。

前述のように、日本の中小企業の多くは、ある程度組織化ができていたとしても、社長がプレイングマネジャーであることが多いため、その状況を前提に話を進めます。

組織化を言い換えると、社長のスキルやノウハウを分解し、見える化した上で、各部門が組織的に実施できるようにすることです。そしてそれぞれの部門をそれぞれのリーダーが管理し、全社的なパフォーマンスを向上させます。

そこから生み出されるのは、社長がいなくても回る組織です。要するに、属人性を脱し、会社全体としての働きでこれまでと同じ成果を生み出せる状態です。それができれば、従業員の職を安定化できるだけでなく、取引先や金融機関にとっても安心材料となるのです。

では、具体的にどのような施策が必要となるのか。残念ながら短期間で行うことは難しく、やはり地道に権限委譲を図るのが得策です。例えば、次のような方法が挙げられます。

〈経営者のスキル・ノウハウを見える化する〉
- 業務内容全体を俯瞰する
- 現経営者の仕事内容や業務範囲を明らかにする
- 上記業務を、組織として実施する場合に必要な組織体制と業務内容を検討する
- 各部門にリーダーを配置する
- 組織として仕事を割り振り、実施する

## ■次世代リーダーに求められる条件

次に、一般論として、次世代リーダーに求められる条件・資質を述べます。

〈一般的に次世代リーダーに求められる3要件〉
①リーダーシップ
②マネジメント力
③経営に関する知識

「リーダーシップ」は書籍により定義は異なりますが、集団を統率し、目標に向かって集団を導いていく能力です。そのあり方は、指導型・寄り添い型・調整型・お手本型など様々ですが、共通しているのは、「あの人についていきたい」「あの人の言うことなら信頼できる」と周囲の人々が思っていることです。そのためには、日頃からの一貫した言動（人によって態度を変えない、信念を貫く、あきらめない、非常時にも態度を変えない、発言と行動の一致など）や、私欲ではなく公欲で動く、部下の成長を支援し、可能性を引き出す姿勢といったことが必要となります。

私がハラスメント研修をしていてよく耳にするのは、「Aさんに叱られたら自分が悪かったと思えるけど、Bさんに言われても納得できない」といった感情です。そういった時に、AさんとBさんの違いを聞くと、たいていの場合、Aさんは仕事における実力だけでなく、前述の一貫性、公欲、親身に人の話を聴くといった人間的信頼性があり、Bさんは仕事で成果を上げていても人間的信頼性に欠けているといった答えが返ってくることが多いです。そして、Aさんはたいていリーダーとして力を発揮してくれるタイプです。

ちなみに、Bさんがダメなわけではなく、仕事の能力は確かなわけですから、プレイヤーとして実力を発揮してもらうことが必要になるわけです。

「マネジメント力」とは、物事や人を管理し、運営する力です。管理の対象は部署により異なりますが、例えば、経営者層であれば、明確にした会社のコンセプトを具体的なプランにし、そのプランを従業員に実行させる力が必要となります。また、計画の実行だけでなく、現場で起きる様々な課題を吸い上げ、その解決策を打ち出す力も必要となります。

さらに、「経営に関する知識」も必要です。自分の仕事をこなすだけでなく、部下の勤怠管理やメンタルヘルス対策、ハラスメント防止策などの人事・労務の知識や、財務知識、コンプライアンスなどの知識も不可欠です。次に述べるリーダーの選定の時点では、経営に関する知識については十分ではないかもしれません。ですが、こういった知識に興味を持っているか、学びの意欲があるかも重要な指針のひとつとなります。

## ■次世代リーダーの選定・育成

自社が必要とする次世代リーダーに必要な条件を明確にしたら、それを備えた人をどうやって見つけていくかが課題となります。そのためには、日頃の業務において、成果や効率だけでなく、部下への接し方や、どうやってそれを実現したのかの過程にも目を配る必要があります。

この時点では、幅広くポテンシャルのある人をリストアップし、この後の育成計画につなげましょう。

育成においては、インプットとアウトプットの両面が必要です。外部のコンサルタントや研修制度などを利用するのも手ですが、重要なのは、インプットだけで終わらせないことです。必ず学んだことを自社に持ち帰り、業務において実践してもらい、その様子を見ながらさらに成長を支援していきます。場合によっては、日頃の業務上のチームとは別の、組織横断型の経営チームを編成し、その中でリーダーシップを発揮してもらいながら実践してもらう方法も有効でしょう。ここは、ぜひ再度第1章の西尾社長の取り組みも参考にしてみてください。

こうした次世代リーダー育成の全体像を見ていただくとわかるように、これらは、現経営者が率先して行わなければなかなか実現できません。事実、そこには現経営者による直接指導も加味されているのです。

単に業務をマニュアル化すればいいわけではありません。コンセプトを軸に、会社を組織化し、さらなる成長と発展を実現していくこと。それを、コンセプトの共有とリーダー育成において達成するのです。

もちろん、外部の専門家に入ってもらうのも有効でしょう。その際には、自社のコンセプトをきちんと伝え、それによってリーダー育成を行い、事業承継による全社的な活性化を目指すことを明確にしておきましょう。

### （4）具体的な事業承継の方法の決定

ステップ4は、「具体的な事業承継の方法の決定」です。

家族経営の会社などでは、後継者が自ずと決まることもあるかと思います。そのような場合にも、後継者としての育成が必要です。一方で、そうでない場合は、（3）で育成した次世代リーダーの中から（あるいは別のところから）次の社長を選出しなければなりません。

次期社長には、全社を統べるだけの力量が求められます。それはすなわち、仕事力や交渉力だけにとどまらず、人望やコミュニケーションスキルを含む人間力、俯瞰的な視野、コンセプトの実践力、といった多数の能力です。

そうした点も考慮しながら後継者を選ぶことは、そう簡単にはできません。短期的な視点ではなく、中長期的な観点から人を見る必要があるでしょう。つまり、会社としてのコンセプトがあり、その共有過程があり、リーダー育成を踏まえつつの後継者選定です。これらは事業承継という文脈で一続きであり、それぞれが密接に関連しています。

ただし、ステップ（3）まで至ることができれば、自然とステップ（4）も実現できるわけではありません。実際、大企業を見ても、一度誰かに社長職を譲っても、しばらく経って再度会長がトップに返り咲く、といったケースは少なくありません。そこに後継者選定・育成の難しさもあるのですが、最後は現社長が決断しなければなりません。要するに、最後の重要な仕事としての意思決定です。その決断の〝確度〟を高めるための時間を確保できるか（場合によっては、やり直しの時間もあるか）、それもまた、事業承継の一環なのです。

最終的に社内で探せなかった、という場合でも、（1）から（3）のステップを経ておくことは社外への引継ぎ（M&A）における自社の市場価値を上げるという意味で非常に有用です。社長のワンマン経営の状態では、社長の個人的なスキルとノウハウ、信用にビジネスが依存しているため、M&Aの買い手を見つけることは困難です。つまり、その場合は、親族内または社内に後継者が見つからない場合は、イコール廃業という選択肢しかなくなってしまいます。

ここでは、まず、社内で後継者候補がいる場合の後継者教育の例と、社内・社外への事業承継のパターンをご紹介します。

## ■後継者教育の例

次世代リーダーを育成していく中で後継者の候補が見つかった場合にも、家業のような形で最初から後継者候補がいる場合も、従業員や対外的な納得感が得られるためには、後継者自身に「経営に対する意欲・覚悟」「自社の事業に関する専門知識」「自社の事業に関する実務経験」が必要です（事業承継ガイドライン）。

この点について、事業承継ガイドラインでは社内における後継者教育の例として、「各部門のローテーション」「責任ある地位の実験的配置」「現経営者による直接指導」などを挙げています。こういったことを時間をかけてやっていくことにより、後継者も自信を持つことができ、さらに周囲の納得を引き出していくことが可能となります。

また、社外での教育例についても併せて紹介しますので、これらを複数組み合わせることを視野に入れ、自社にあった後継者教育を実践してください。

## 内部での教育の例

| | 教育例 | | 効果 |
|---|---|---|---|
| ① | 各部門をローテーションさせる | ⇒ | 経験と知識の習得 |

自社の各分野(営業・財務・労務等)をローテーションさせることにより、経験と必要な知識を習得させることができます。

| | 教育例 | | 効果 |
|---|---|---|---|
| ② | 責任ある地位に就ける | ⇒ | 経営に対する自覚が生まれる |

経営幹部等の責任ある地位に就けて権限を委譲し、重要な意思決定やリーダーシップを発揮する機会を与えましょう。

| | 教育例 | | 効果 |
|---|---|---|---|
| ③ | 現経営者による直接指導 | ⇒ | 経営理念の引継ぎ |

指導内容は経営上のノウハウ、業界事情にとどまらず経営理念の引き継ぎまで行われます。

## 外部での教育の例

| | 教育例 | | 効果 |
|---|---|---|---|
| ① | 他社での勤務を経験させる | ⇒ | 人脈の形成・新しい経営手法の習得 |

人脈の形成や新しい経営手法の習得が期待でき、自社の枠にとらわれず、アイデアを獲得することもできます。

| | 教育例 | | 効果 |
|---|---|---|---|
| ② | 子会社・関連会社等の経営を任せる | ⇒ | 責任感・資質の確認 |

子会社・関連会社等がある場合は、一定程度実力が備わった段階で、それらの会社の経営を任せてみましょう。この経験は、経営者としての責任感を植え付け、資質を確認する上で最適な機会です。

| | 教育例 | | 効果 |
|---|---|---|---|
| ③ | セミナー等の活用 | ⇒ | 知識の修得、幅広い視野を育成 |

企業経営者の二世等を対象とした外部機関によるセミナーがあります。経営者に必要とされる知識全般を修得でき、後継者を自社内に置きつつ、幅広い視野を育成することができます。

https://www.chusho.meti.go.jp/zaimu/shoukei/download/shoukei_guideline.pdf
【※事業承継ガイドライン第3版　57頁】

事業承継の方法は大きく3種類×タイミング

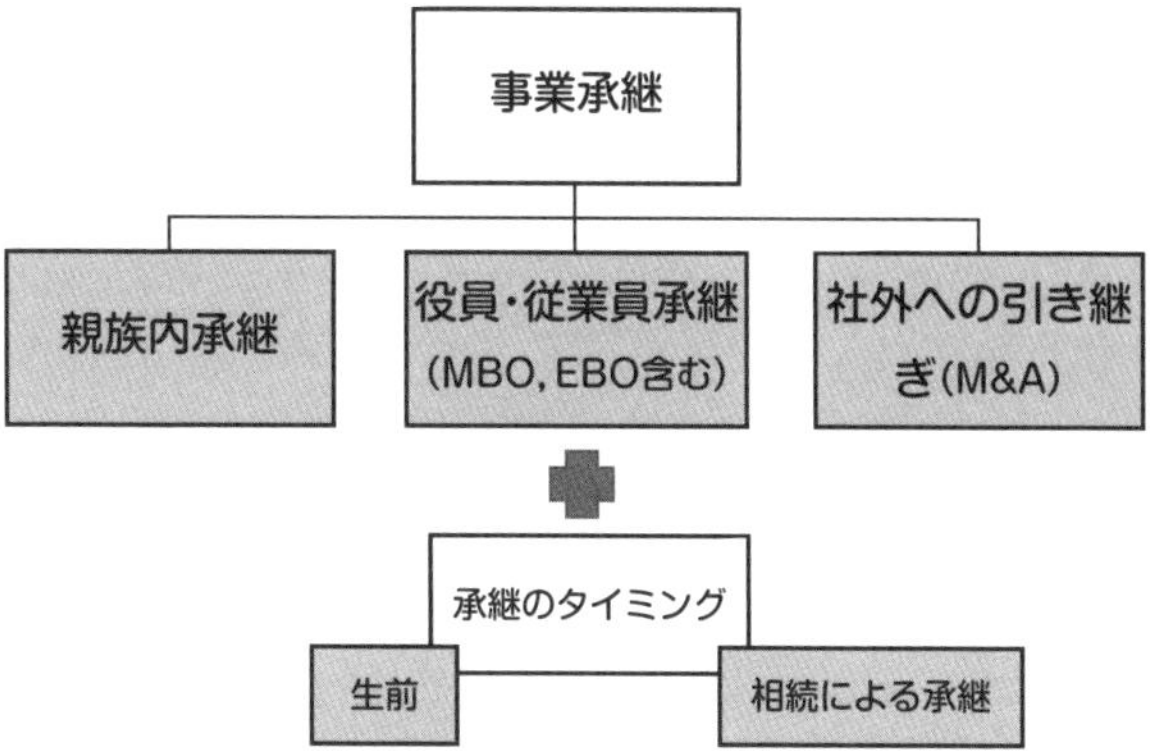


## ■事業承継の3パターン

ここまでのステップを踏まえて、事業承継の方法についても触れておきたいと思います。ただ、ここは一般的な事業承継本にも触れられていることなので、概要のみを紹介する程度にとどめておきます。

まず、事業承継には大きく3つのパターンがあります。具体的には「親族内承継」「役員・従業員承継（MBO、EBO含む）」「社外への引き継ぎ（M&A）」となります。それぞれの概要とメリット・デメリットをチェックしておきましょう。

### ①親族内承継（家族や親族に承継する）

家族や親族が次の社長になる一般的な事業承継です。近年では、親族内承継の割合が急激に落ち込んでいます。子どもがいる場合でも、事業の将来や経営の安定性に対する不安があったり、家業にとらわれない職業選択や安定した生活の追求等の影響があるためです。

- メリット：心情的に受け入れやすい。所有と経営の一体を実現しやすい。
- デメリット：子供の意思に影響されやすい。能力の有無に差がある。

〈親族内承継の成功のポイント〉

- 経営力の向上や経営基盤を強化しておく
- 後継者が安心して引き継ぐことができる経営状態をつくる
- 後継者の育成に必要な期間を逆算して、後継者教育を計画的に行う

### ②役員・従業員（MBO、EBO含む）

ステップ（3）までで育成した次世代リーダーの中から適任者がいる場合に、当該

役員や従業員が次の社長になる事業承継です。役員・従業員後継者が株式を買い取る「MBO（Management Buy Out）」や「EBO（Employee Buyout）」を含みます。非上場株式の相続税・贈与税の納税猶予や免除制度（ただし条件あり）が、親族外後継者にも利用可能になったことなどにより、近年増加傾向です。

・メリット：能力が高い人に承継させられる。社内で長期間働いてきた人材の場合、経営方針の一貫性を保ちやすい。

・デメリット：株主を誰にするのか、後継者が株式を買い取る場合はどのように資金調達をするのかが問題となる。株式が分散している場合、その整理に時間がかかる。

**〈役員・従業員承継の成功のポイント〉**

・親族株主の了解を得られるようにする
・現社長の個人保証の問題を解消しておく
・時間をかけてコンセプトをきちんと共有する
・資金問題も含め、早期の段階から専門家に相談する

### ③M&A（社外への引き継ぎ）

Ｍ＆Ａを含めた社外に会社を引き継ぐ事業承継です。株式譲渡、事業譲渡等、会社法の制度を利用して行います。後継者確保の困難を受け、こちらも近年増加傾向です。民間仲介業者の増加や国による事業承継・引継ぎ支援センターの設置という動きも見られます。

・メリット：社内に適任者がいない場合でも、広く候補者を外部に求めることができる。雇用を確保できる。現経営者は会社売却の利益を得ることができる。
・デメリット：企業価値に左右されやすい。時間がかかる。失敗に終わるリスクも大きい。

〈M＆Aによる承継の成功のポイント〉

・企業価値の向上（本業の強化、内部統制やガバナンス体制の構築など）
・社長がいなくても回るよう、十分に組織化を実現しておく
・最適な買い手の探索
・仲介業者だけでなく、自社のためだけにアドバイスをしてくれる専門家を早期に

用意する

この3つの方法がありますが、「どの」方法を選択するかという問題と、「いつ」やるかは別問題です。現社長が元気なうちに承継のステップを全て終わらせてしまう場合もあれば、準備だけしておき、亡くなった後に遺言等を実行することにより完結させる方法もあります。

いつ、どの方法でやるかは、会社の状態や社長の考え方、承継の準備を始めた時期によっても異なりますので、専門家を交えて方針を決めていくことをおすすめします。

いずれの方法もメリット、デメリットがあります。税務問題や、資金問題、親族間の感情の対立など、事業承継問題は多角的な視野が必要であり、高い専門性が要求される分野です。経験値ものを言いますので、この分野に長けた専門家で、かつ、自社のためだけにアドバイスをしてくれる専門家を見つけ、ご相談ください。

## ■その他：廃業を決断する場合

厳密に言うと、先に紹介した3パターンだけが事業承継のすべてではありません。その他にも、社会情勢や自社の状況を考慮した結果「廃業」を決断することもあります。そこには当然、後継者の不在も含まれます。

前提として、会社を廃業することもまた、経営者による意思決定の一つです。場合によっては、必ずしもネガティブな選択とは限らないことを付言しておきます。

前述の「事業承継ガイドライン」でも紹介されていますが、現代では、後継者不足による廃業が増加しています。日本政策金融公庫総合研究所の「中小企業の事業承継に関するインターネット調査」（２０１９年）をもとにしたデータによると、全体の52・6％が「廃業予定企業」となっています。

その理由としては、「子どもがいない（12・5％）」「子どもに継ぐ意思がない（12・2％）」「適当な後継者が見つからない（4・3％）」という、後継者問題が全体の3割近くを占めています。実際、私のところに相談に来る方でも、業績は堅調だが、子供に継ぐ意思がなく、従業員の中にも適当な人材がいないので、自分の代で廃業したい、ついては、子供や取引先に迷惑をかけたくないので、廃業に向けてどんなステップを踏めばよいか整理したい、というご相談も少なからずあります。

後継者の決定状況

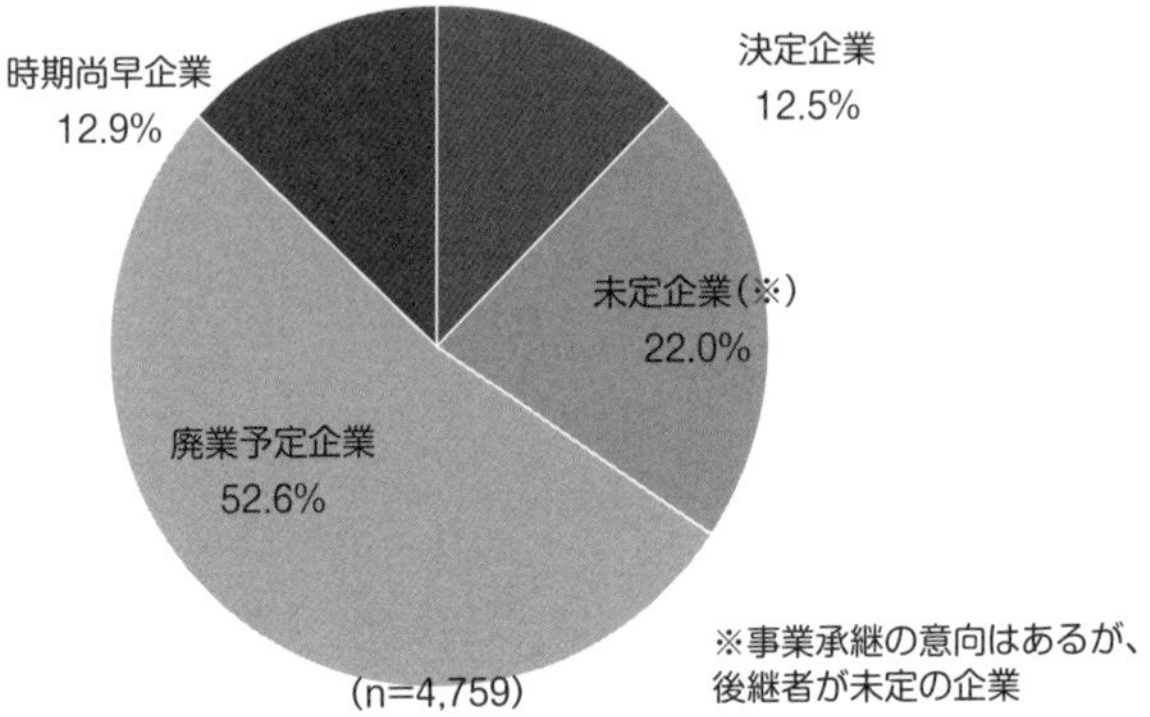


廃業予定企業の廃業理由

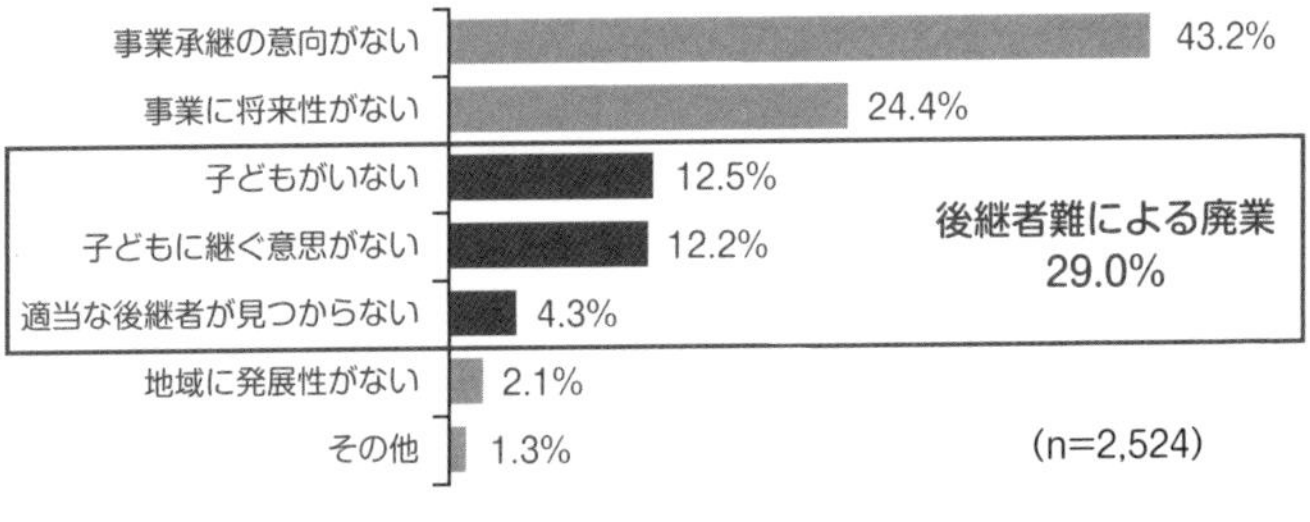


https://www.chusho.meti.go.jp/zaimu/shoukei/download/shoukei_guideline.pdf
【事業承継ガイドライン第３版　10頁】

廃業時に生じる問題の大きなものは、①従業員の処遇、②顧客・取引先への説明、他社への引継ぎ等、③資産の売却、④負債の整理です。これらを実行していくにも、時間も費用もかかります。一歩やり方を間違えると、まだ必要な人員が予想外のタイミングで出て行ってしまったり、損害賠償請求をされたりするリスクもあります。

よって、円滑な廃業を実現するには、まだ会社の体力があるうちに、時間をかけて取り組むべきです。

しかし残念ながら、多額の負債を抱えたまま社長が急に亡くなったり、廃業に向けて動き出したものの、負債の額が多すぎ、破産（倒産）等の法的手続を視野に入れなければならなくなることも珍しくありません。実は破産手続にも費用がかかります。破産手続を裁判所に申し立てるには、裁判所に、破産管財人（中立的な立場で破産財団に属する財産を管理及び処分する者。裁判所が選任する）の報酬を含む予納金を納めなければなりませんし、申立ての代理をする弁護士の費用もかかります。また、日本の会社では、多くの場合、会社の負債について社長が個人保証をしているケースが多く、会社が負債過多で倒産せざるを得ない場合、代表者である社長個人の破産もセットになることが多いです。そこで問題になるのが、社長が個人資産として持っている家をどうするかや、子供の教育資金に影響が出ないか等、生活の確保です。つまり、ぎりぎりまで耐えればなんとかなる、というものではなく、むしろ、着手が後回しになればなるほど資金が底をつくタイミングが早くなり、選択肢が限られていきます。

こうした手続きには、弁護士をはじめとする専門家の協力が不可欠です。そのため廃業を含めて事業承継を検討する場合も、できるだけ早く着手し、必要な対策を着実に進めていくことが求められます。

# 第6章

# こんなときどうする？ 事業承継の成功と失敗（事例集）

最終章となる第六章では、「株式」「遺言」「突然死」など、よくある事業承継のトラブル事例について紹介します。これまでの内容を踏まえて、コンセプトの有無が事業承継にどう影響するのかを俯瞰していただければと思います。

〈事例①〉

## 病気をきっかけに遺言書を作成したケース

こちらの事例は、共同経営をされていた方のケースです。

相談者は50代前半ぐらいの若い社長さんだったのですが、共同経営者の方がおり、二人で会社を経営していました。その社長さん曰く、「実は、ガンが見つかり、緊急手術することになりました。共同経営なので、万が一自分の身に何かあったときに会社の経営や従業員が困らないようにしておきたい。」とのことでした。

しかも、手術は数週間後。医療が進歩していることもあり、命の危険はそれほどないとのことでしたが、いざというときのことを考え、自分が保有する株式をどうにかしなければならないと考えていました。

事実、このまま社長が亡くなってしまえば、共同経営者の方はもちろん、従業員や取引先も困ってしまう可能性がありました。なぜなら、株式の半分をこの方が所有しており、その株式が相続されることとなるためです。

具体的には、相続によって、相続人（このケースでは配偶者と息子）に株式が渡ることになります。しかし、相続人の方は経営には一切タッチしていないため、株式に興味がない反面、その経営者の抱える連帯保証債務（主債務者を会社とする融資の保証）を負いたくない、という希望があります。また、相続した株式の株価が高ければ相続税も多額になります。逆に、共同経営者の方は、他方共同経営者の相続により株式が分散されてしまえば、役員の選任など会社の重要な意思決定をする際にいちいち相続人の方に承諾を得なければならず、機動的な意思決定ができない上に、経営方針について揉めてしまう可能性もあります。また、相続人から株式を買い取ろうとしても、買い取り価格で折り合わなければ買うことができないというリスクもあります。特に、代表者兼主要株主の方が病気などで急死した場合、すぐに次の役員を選任する必要がありますが、株式が相続されることによって、場合によっては株主が確定せず（遺産分割でもめてしまうと、遺産に含まれる株式は相続人全員の共有状態となり、会社から見ると株主が確定しない状態が続きます）、役員の選任手続がスムーズに進まないケースもあります。

本件では、こういったリスクや相続人の状況を考慮し、社長が保有していた50％の株式を、共同経営者に譲るというかたちで遺言書を作ることにしました。同時に、他の資産に関しては配偶者やお子さんに残せるような内容にし、何があっても困らないように工夫しています。

期日が迫っていたこともあり、遺言書は二週間ほどで作成することになりました。ヒアリングを重ね、資産の配分を考慮しながら遺言書に反映し、公正証書遺言というかたちにした上で、手術に臨むこととなったのです。なお、当事務所で公正証書遺言を作成する場合、ご本人様の希望をヒアリングして遺言の文言を作るだけでなく、公証役場との日程調整や文言の事前調整、さらに、当日立ち会いが必要となる2名以上の証人も手配します。この証人には、推定相続人や遺言で財産を譲られる受遺者は証人になることはできませんので、こういった人員の手配を機動的にできることも専門家に依頼するメリットです。

結果的に、手術は無事に成功しました。

手術後、社長さんは、「遺言を準備していたおかげで、手術と治ることに集中することができました」とおっしゃっていました。

## ■人が遺言の準備に着手するとき

この事例からわかることは、事前準備の大切さに加え、「人はどのようなときに遺言を準備するのか?」についてです。私がこれまで経験したところによると、遺言を作成するタイミングは主に2つです。

1つは、自分の病気や、身近な人の死（あるいは死の可能性）に直面したとき。もう1つは、経営者の方に多いのですが、経営者仲間が遺言を作るなど、身近な第三者が相続や事業承継の対策を始めたときです。

人間誰しも、目先のやるべきことに追われてしまいがちです。とくに経営者ともなれば、売上や資金繰り、さらには採用や育成など、やるべきことがたくさんあり、相続や事業承継の準備が後回しになってしまいます。しかし、事業承継の準備は単なる相続対策や社長交代ではなく、会社の発展や拡大に寄与することは本書でこれまで述べてきたとおりです。

また、遺言には資産の分配、譲渡という大命題以外にも、「付言事項」によって要素をプラスすることができます。私はそれを「最後のラブレター」と表現しているのですが、つまり残された人にメッセージを送ることができるのです。

「ご家族（相続人）の方に伝えたいことがあれば言葉にしてみてください」と話すと、多くの人は感謝の言葉を記します。「今までありがとう」「子どもたちをよろしく」などの文言です。

そうした言葉は、普段の生活でなかなか伝えられないものであるため、遺言の準備が非常に良い機会になります。家族に対する真摯なメッセージが、相互の絆を深めることにもつながります。

また、遺言の準備を始めた結果、「遺言も大事だけど、その前に会社の行く末を考えないと、資産の分け方が決められない」とか、「息子は後を継がないと思っていたけど、実際に本心を聞いたことはなかったな・・・」などと気づく方もいらっしゃいます。これも事業承継のスタートラインとして有効に機能したケースです。

遺言？　事業承継？　まだまだ先の話だよ、と思っていた方は、ぜひ本書をお手にとったこのタイミングで何らかのスタートを切っていただければと思います。

少なくとも、遺言や事業承継について考えはじめること。家族や周囲の経営者仲間、専門家らと折に触れて話してみること。また、家族に「将来のことで心配なことある？」、気の置けない経営者仲間に「おたくはなんか対策してる？」、顧問弁護士や顧問税理士に「皆さんどんなことしてるの？」といった風に、シンプルな質問からで構いません。

〈事例②〉

## 社長職は承継したが、自社株分散リスクが残ってしまったケース

次の事例では、創業者で会長をしていた方（実質的な経営者）が、70％の株を保有したまま亡くなりました。この創業者の長男が現在社長を務めており、後継者は決まっています。しかも、このケースでは、あらかじめ遺言が用意されていました。相続人は配偶者と長男の2人で、遺言の内容としては「株は長男に」「自宅は配偶者に」「金銭は半分ずつ」相続させることとされており、長男（現社長）は、会長亡き後、遺言に従い、会長が保有していた70％の株式を相続しました。

しかし、残りの30％の株は、亡くなった会長の弟が保有していました。実は、もともとこの会社は亡き会長と弟が兄弟で始めた会社で、弟も長年役員として経営に参画していました。弟（現社長からすると叔父）は、現在は仕事からはリタイアしています。

しかもこの叔父さんには3人の娘さんがいて、すべて他家に嫁いでいます。つまり、叔父さんがもし亡くなったら、30％の持ち株がそれぞれ相続され、散らばってしまいます。

ちなみに、会社法においては、株主総会で決議しなければならない事項が決められており、またその決議要件も決められています。取締役の選任、解任、役員報酬の決定、毎年の決算承認といった決議は、過半数の株式を保有する株主の出席と賛成があれば決議可能ですが、定款の変更や事業譲渡といった重要事項については、株式総会に議決権を行使できる株主の過半数を有する株主が出席し、出席した株主議決権の3分の2以上の賛成が必要です。

本件では、現社長が70％の株式を保有しているため、株主総会を開催して役員を決めたり、決算の承認をすることは問題ありません。しかし、株主総会を開く際には株主への通知が必要となりますし、その相手が増えれば増えるほど手続きは煩雑になります。本件でも、叔父さんが何の相続対策もしていなければ、株主が3人に増え、さらに二次相続、三次相続により雪だるま式に増えていく可能性があります。場合によっては、「利益が出ているなら配当してほしい」などと要求される可能性もあります。会社の将来を考えると、残りの株式がこのように不安定な状態では、落ち着いて経営するのが難しいとも考えられます。

会社の内部留保を増やしたい経営者と、配当をしてほしい株主のあいだで対立が生じると、経営者としては気が気ではありません。そこで、現社長は、叔父さんから30％の株を買い取りたいと希望していました。

## ■遺言の用意だけでは不十分なことも

しかし、結論としては、叔父さんとしては、若い頃から兄弟で会社を経営してきたこともあり、思い入れがあるため、株を所有したままでいたいとのことでした。

この場合の解決策としては、①叔父さんに遺言を作ってもらい、株式が分散しないようにする、②時間をかけて叔父さんを説得し、生前に買い取る、③会社の定款を変更し、株主に相続が発生した場合に、株主の相続人から株式を買い取ることができる規定（相続人に対する株式の売渡し請求規定）を設け、これに従い会社が相続発生時に買い取ることができるようにしておくことなどが考えられます。

しかし、本来であれば、亡き会長が事業承継対策の一環として、単に社長職の交代だけでなく、株主構成も含めた対策を考え、必要に応じて弟を説得したり、一丸となって会社の継続のための対策を実行しておく必要があったと思われます。

しかし、それをしないまま亡くなってしまうと、このように、残された人のあいだでわだかまりが生じることがあります。そしてそれが、親族間の不和につながったり、経営悪化のきっかけになることもあるのです。実際、株式を買い取る時の買い取り資金をどう確保するかは、業績のよい会社になるほど深刻な問題です。

実は、こうしたケースは、特に日本の中小企業で頻繁に見受けられます。親族とはいえ、必ずしも密にコミュニケーションをとっているとは限らず、疎遠な場合はとくに、中心人物が亡くなってから、残された二代目や家族が苦労することが多いのです。

それを未然に防ぐためには、あらかじめ株主構成を整理しておくことが大切です。それも、できれば明確なコンセプトのもとに、それぞれの納得を引き出しながら、コミュニケーションを経て進めるのが望ましいでしょう。しかしながら、経営権さえ渡してしまえば事業承継は終わりだと考えている人ほど、そこまで手当てすることなく状況を放置しがちです。

本件も、遺言書を作るところまではよかったのですが、もう少し踏み込んで、兄（亡き会長）と弟が会社についてそれぞれどのような思いを持っているのか、また会社の今後についてどのようにしていくべきかを話し合うところまで行ければベストでした。そこに踏み込めなかったのは、まだまだ日本において事業承継の本質がうまく伝わっていないこと、そして、こういったことについて、感情面も含めた多角的な視点でアドバイスできる専門家へのアクセスが限られている、あるいはハードルが高いと感じられていることの証左だと思います。

〈事例③〉

## 社長は相続対策の必要性を感じていなかったが、実はしていないと家族に多大な負担がかかるケース

こちらの事例は、いわゆる「争続」は予想されないが、相続人予定者の中に認知症の方がいたケースです。

経営者は70代の方で、会社の創業者でした。ご年齢のこともあり、これまで生命保険の営業の方などからも、「そろそろ遺言を用意しておいた方がいいのではないでしょうか?」と助言されていたようです。

また、この方にはお嬢さんが一人いて、お嬢さんからも「そろそろ遺言を準備しておいてね」と再三リクエストしていたのですが、実際にはなかなか動きませんでした。

そのお嬢さんが私の事業承継セミナーへの参加がきっかけで、話を伺うこととなりました。

実際に会社に訪問して社長とお話ししてみると、社長は「いやいや遺言なんて必要ないですよ」と言います。それで「どうしてそう思われるのですか?」と尋ねると、「うちは一人っ子だから相続で揉める心配がないのです」とのことでした。

たしかに、相続において兄弟間の諍いが生じるケースは多いです。会社を継ぐ人とそうでない人の立場上の違いもありますし、それによる株式や他の資産の配分、株に比して他の資産が少ない場合にどうするかなど、調整が必要となる場面がたくさんあるからです。

では、兄弟姉妹がいない一人っ子であれば問題ないのでしょうか。そうとも限りません。この社長の場合も、詳しくお話を伺ってみると、相続人の一人となり得る配偶者が健在で、しかも今は認知症で入院しているとのことなのです。

そうなると、もしこの状態で社長が亡くなって相続が発生した場合、すべての資産が娘さんにいくわけではありません。配偶者と娘さんの二人が相続人になり、しかも配偶者が認知症で入院中なので、遺産分割協議書を作れない事態が発生します。

すなわち、遺言書がない場合は、相続人全員がどう遺産を分割するかについて協議を行い、遺産分割協議書というものを作成する必要があります。この遺産分割協議書がないと、自宅の相続登記もできませんし、亡くなった方の預金を解約することもできません。遺産に含まれる自社株についても、正式な株主が決まらないままとなってしまいます。

そして、遺産分割協議書は、ご自身で意思決定をした上で、実印を押す必要があり、そのためには当事者に判断能力がなければなりません。本件のように、認知症の相続人がいると、症状によっては、判断能力がなく、意思決定能力がないとして遺産分割協議に参加できない（したとしても判断能力がない者がした協議は無効と判断される可能性がある）ことがあります。

その場合、遺産分割協議をするためには家庭裁判所に「成年後見人」を選任してもらわなければなりません。成年後見人制度の課題については、後ほどまとめて記載しますが、本件では、もし娘さんが成年後見人になった場合、自分も相続人なので、遺産分割協議においては被後見人である親と利益相反関係になります。このような場合、遺産分割協議のために、成年後見人とは別に、さらに家庭裁判所で特別代理人を選任してもらう必要が出てきます。

つまり、本件の場合、このまま社長が亡くなってしまうと、遺産分割協議書を作るためには、配偶者に娘さん以外の成年後見人をつける必要があり、さらに、一度成年後見人をつければ、配偶者が亡くなるまで成年後見人が財産を管理することになります。

遺言書を作成しておかないと、こうした事態に発展することがあるのです。

## ■遺言が用意されていないことによる大きな弊害

成年後見人とは、一過性のものではなく、一度就任したら基本的に被後見人（後見の対象者）が亡くなるまで被後見人の全ての財産管理を成年後見人に任せることになります。その結果、成年後見人は、被後見人はもちろん、そのご家族とも長く関わり続けることになります。

成年後見人を選任するのは家庭裁判所です。ご家族が、身内（親族）を後見人に推薦することはできますが、最終的に誰を後見人にするかを決定するのは裁判所ですので、思った通りになるとは限りません。裁判所は選任手続の過程で、被後見人の相続人予定者全員に「親族後見人が推薦されているが、この者が成年後見人になることに異存はないか？」と質問します。誰か一人でも反対すれば、専門職後見人（弁護士、司法書士など）を裁判所自ら選任します。また、誰も反対しなくとも、財産の額が多い、複雑である、親族がなることがふさわしくないなどの事情から専門職後見人を選任することもあります。

また、親族後見人が希望通り選任されたとしても、現在の裁判所実務では、後見人制度の運用経験上、親族後見人が被後見人と自分の財布をごっちゃにしてしまい、意図的でなかったとしても使い込みが発生したり、分別管理が難しいことで多くの問題が生じてきたことから、親族後見人が就任する場合は、必ず専門職が「後見監督人」に就任することとされ、親族後見人が適正に業務を行うかチェックすることになっています。そして、この後見監督人にも報酬を支払う必要があります。

親族の仲が良くない場合や、本件のように遺産分割協議の必要性から成年後見人選任の申立てをする場合、利益相反を避けるためなど、専門職後見人を選任するケースは増えています。また、実際、後見人業務は一般の方が想像されるより面倒で煩雑です。後見人に就任したら1ヶ月以内に本人（被後見人）の財産を調査して財産目録を裁判所に提出する必要があります。後見人は財産管理人ですので、被後見人の収支を管理し、特に支出については金銭出納帳をつけ、領収書等の資料を保管しなければなりません。最低でも年1回、裁判所に後見事務の状況報告を書面でする必要がありま す。また、居住用不動産を売却、取り壊し、賃貸に出すなどの処分をする場合も、勝手に行うことはできず、裁判所の許可を得る必要があります。このような後見人業務をお伝えすると、自分の生活や被後見人の介護などをしながらそのような煩雑な業務をするのは無理だと判断される方も少なくありません。

様々な事情から、弁護士、司法書士といった専門職後見人をつけた場合、当然報酬が発生します。また、裁判所が選んだ専門職後見人は、よほどのことがない限り変更してもらうことはできません。つまり、家族が専門職後見人と意見が合わない、面倒くさい、といった消極的な理由では成年後見人を変更することはできず、家族がストレスを抱えた状態で長期間過ごさざるを得ないこともあります。

成年後見人制度は、悪質業者に欺されて必要のないものを買わされたり、オレオレ詐欺から高齢者を守るなど、非常に有用な制度ではありますが、遺産分割協議を行うために必要に迫られて、家族が思っていたのとは違うタイミングで、成年後見人をつけざるを得なくなるケースは少なくありません。もし、きちんとした遺言があれば、遺産分割協議を行う必要はなくなり、その結果、もっと冷静に、成年後見人制度を利用するかどうか、するとして誰に成年後見人になってもらうかを考える時間ができたかもしれません。

遺言を用意しないことで、こうした問題が生じる可能性があることをよく理解しておく必要があります。

ちなみにこの事例の社長は、商工会議所の経営者仲間の間で相続で揉めるケースが発生したのを聞き、遺言の作成を決意しました。身近で具体的なトラブル事例が生じたために、自分事にできたのだと思います。

遺言の必要性をよく理解していない人からすると、その作成にはハードルがあるとわかります。たしかに、元気な経営者ほど、そうした準備を後回ししてしまうのも無理はありません。

事実、経営者本人にとって、遺言の準備はネガティブなイメージを伴います。危機感が背中を押すこともありますが、そうしたマイナス面を見ないようにし、あえて仕事に没頭する人もいるかもしれません。

だからこそ私は、本書の冒頭（第1章）において、事業承継のポジティブな面を殊更に強調しています。そしてそれは、相続や遺言の準備にもつながっているのです。

ぜひ現役の社長さんには、会社や後継者、あるいは自分自身のために、前向きな気持ちで遺言の準備を進めてほしいと思います。

## 〈事例④〉

# 社長が廃業を決断し、廃業手続き中の死亡に備えて準備をしたケース

こちらの事例は、社長自身が廃業を決断したケースです。

対象者は町工場を経営している80代の社長さんだったのですが、そのお嬢さんが私のもとへ相談に来ました。しかも、社長と一緒に相談に訪れたのです。この時点で、状況はそれほど悪くないと推測できます。

事業承継関連で専門家に相談する場合、後継者や相続人が一人で訪れることも少なくありません。とくに男性の場合、その傾向が顕著です。おそらく、現社長と意見が対立していたり、自分一人で解決したいと考えていたりするためだと思われます。

一方で、こちらの方は娘さんと社長が一緒に来られていることもあり、スムーズに問題解決へと進める可能性があると考えられました。

さて、具体的な相談内容としては、町工場の経営が業界的にも先行きが見えないとのことでした。縫製関係の工場を経営されていたのですが、海外企業や海外工場がシェアを拡大していることもあり、とくに国内の零細事業者は厳しいと考えていたのです。

それで、経理をしていたお嬢さんとともに、このまま会社をたたむ方向で検討していたのですが、問題は従業員や取引先への対応です。当然、突然会社をたたむ手続きをするだけで終わりにはできません。

例えば、従業員には再就職先を世話したり、取引先には自分たちがいなくても仕事が立ちゆくよう協力するなど、何らかのケアが必要でしょう。そうした対応を経てこそ、円満に会社をたたむことができます。円満廃業を目指す場合にも、かなりの時間を要します。

問題は、現社長が病気を抱えており、いつ何があるかわからず、このまま無事に廃業手続きを終えられるかどうかがわかりませんでした。もし事後処理等が残っていたら、それを引き継ぐのは娘さんです。

しかも社長には、娘さん以外にも子ども（娘さんにとっては兄弟）がいました。彼らは会社の経営にはタッチしておらず、社長は、会社に貢献してくれた娘さんに多く財産を残すなどの対応もしたいと望んでいました。

## ■任意後見制度を活用する

具体的な方策としては、遺言を用意することはもちろん、それ以外にも「任意後見」という制度を準備してはどうかと提案しました。

任意後見制度とは、本人が十分な判断能力を有する時に、あらかじめ、任意後見人となる方や将来その方に委任する事務の内容を公正証書による契約で定めておき、本人の判断能力が不十分になった後に、任意後見人が委任された事務を本人に代わって行う制度です。

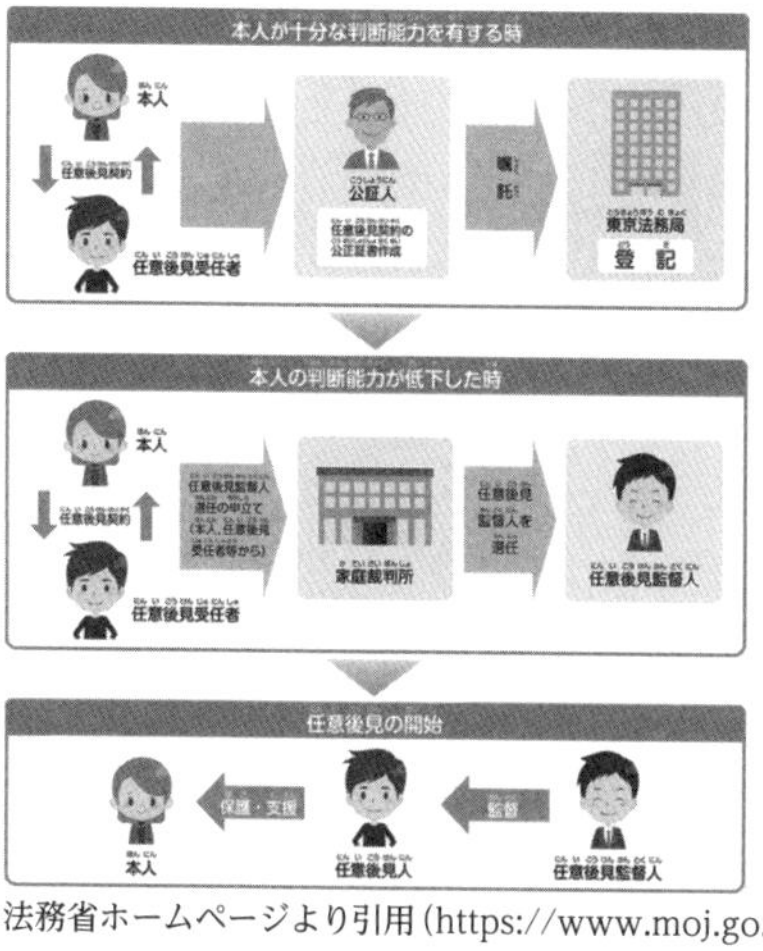


法務省ホームページより引用（https://www.moj.go.jp/）

つまり、任意後見人が委任された事務を行うのは、「本人の判断能力が不十分になった後」です。つまりその前段階では、手続きだけをするかたちとなります。いわば〝保険〟のようなものです。

がん保険に加入したすべての人ががんになるわけではないのと同様に、任意後見制度を利用したとしても、必ずしも事務が委任されるわけではありません。判断能力が不十分になった場合に、初めて任意後見が開始されます。

近年、生前対策として家族信託が脚光を浴びていますが、家族信託も、本人（委任者）が十分な判断能力を有する時に、財産を託す相手を指名しておくという点では任意後見制度と同様ですが、家族信託においては、その時点で託す財産の所有権を受託者に移さなければいけないという大きな違いがあります。つまり、任意後見制度が単なる準備であり、その時点では委任者（本人）の権利行使に何の影響もない（引き続き自由に財産を管理、処分できる）のと異なり、家族信託では、その時点で託す財産の管理権や処分権を指名した相手に渡さなければならないという特徴があります。この点が、まだ十分な判断能力を有する本人にとってはハードルが高いことも少なくありません。

つまり、認知症や病気などのリスクに備える必要性は感じていても、今すぐ現状を変更したくないと思うことは普通の心情とも言えます。また、家族信託の契約書は、日本において「信託」という概念が浸透していないこともあり、言葉が難しく、特に高齢の方には理解しづらいという問題もあります。しかし、こういった時でも、今すぐ現状を変更しなくてよい任意後見の準備だけならやってもいいかな、となりやすい時もあります。

家族信託がダメなのではなく、家族信託にも任意後見制度にもそれぞれメリット・デメリットがあるので、ご家族の事情に応じて、制度を組み合わせて活用していくことが重要となります。

遺言とともに、こうした様々な生前対策制度を活用すれば、不測の事態にも対処できます。本件では、具体的な遺言の内容としては、経理を担ってくれたお嬢さんに株や自宅を残し、預貯金はきょうだいで分けるという内容にして、さらに、その意図を付言事項に組み入れました。お嬢さんに株を残すことを遺言で担保し、さらに任意後見制度も準備しておくことで、廃業準備中に社長が亡くなったり、寝たきりになってしまった場合にも、お嬢さんが社長の意思を継いで、他のきょうだいに遠慮することなく廃業手続きを終えることができるようにしました。

最終的には、廃業までの作業や手続きも滞りなく進み、社長が生きている間に終えることができました。その後、社長が亡くなってからの相続についても、スムーズに行うことができ、遺言の執行が終わった後、お嬢さんが「本当にあのとき父が決断してくれて、先生に相談して準備ができてよかった。自分だけでは無理だった」と挨拶に来てくれました。

会社の行く末は、検討を重ねていくことで、廃業という決断に至ることもあります。それでも、本人や関係者の納得が十分に得られているなら、一つの前向きな意思決定と言えるかと思います。

大切なのは、「どうしたいのか」「何がベストなのか」を、コンセプトに基づいて事前に考慮することなのです。

## ●遺留分の対策をする

お嬢さんは、主な遺産であった自宅を相続したことで、きょうだいから遺留分（一定の相続人に対して、遺言によっても奪うことのできない遺産の一定割合の留保分）を請求されるかもしれないと考え、それに備えて生命保険などを活用して現金の準備もしていたのですが、結果、遺留分を請求されることもなく、トラブルはありませんでした。やはり、早い段階から専門家を交えて準備を開始していたことが功を奏したのだと思われます。

現在、遺言があったとしても、遺留分を請求したい、又は請求されて困っているという相談が急増しています。インターネットなどで「遺留分を請求できる」「遺留分は権利である」ということはすぐに検索できますし、もらえるものはもらいたいと考える方が増えていることに加え、離婚の増加などにより家族関係が複雑化したことにより、なおさら権利行使はしっかりしようと思う方が多くなっていることが原因であると考えられます。遺留分の交渉は、当事者同士で行うのが難しいことのひとつです。身内であるからこそ感情的になりやすく（請求される側は「なぜ遺言があるのにそれに従ってくれないんだ、亡くなった人の意思をないがしろにしている」という不満を抱えやすく、逆に請求する側は「なぜ自分も家族なのにのけ者にされなければいけないのか、不公平だ」という不満を抱きやすい）、当事者の意に反して早期解決がしづらいケースも少なくありません。そして、遺留分の請求をされた時に一番困るのは、請求されている側に支払い原資となる現金がないケースです。現在の法律では、遺留分の請求は「遺留分侵害額請求」と言い、お金に換算して請求することになっています。よって、請求された側は、必ず現金で支払う必要があります。何らの準備もしていないと、相続した自宅を売却して遺留分を清算しなければならないなど、問題が生じるケースが多いです。それを避けるには、遺言の作成とセットで、遺留分を請求された時の原資を用意する必要があり、それにはある程度時間をかけて事前に準備する必要があります。

## 〈事例⑤〉

# 社長の突然死によって、家族が会社の廃業手続きをしなければならなくなったケース

こちらの事例は、社長の突然死によって、家族が会社の廃業手続きをしなければならなくなったケースです。社長の高齢化が進んでいる昨今、このような事例も増えていると思われます。その内容と問題点について俯瞰しておきましょう。

事例の会社では、まだ社長が50代と若かったのですが、不幸にも交通事故に遭ってしまいました。しかも、独身で奥さんやお子さんもいらっしゃらなかったため、相続人は母親一人という状況です（父親はすでに他界）。

そうなると、遺産分割協議なども必要ないのですが、お母さんは会社の経営にタッチしておらず、その内情もよくわからないとのことでした。調べてみると、従業員もアルバイト・パートしかおらず、亡くなった社長のほぼ一人会社の状態でした。

ただ、お母さんが高齢だったこともあり、会社を引き継ぐのではなく、そのまま清算手続きへと移行することになりました。清算手続きにおいては、会社が赤字（債務超過）であれば破産になりますし、黒字であれば残余財産を株主に分配します。

調査した結果、会社は債務超過ではなく、破産手続きはしなくて済みそうです。それでも清算にも様々な手続きが必要になるため、亡くなった社長のお姉さんに協力してもらい、どうにか手続きを進めることができました。

具体的な対処としては、お姉さんが会社の「清算人」になるかたちで、弁護士が清算人を補助して廃業手続きを行いました。お姉さんも、清算人として、役所へ行ったり銀行へ行ったり、あるいは従業員と話をしたりなど、大変だったと思います。

こうしたケースはよくあります。つまり、相続人である方が廃業手続きを行えず、相続には直接関係していない第三者が仕方なく協力するパターンです。もっとも、協力する側の人からすると、一方的に巻き込まれているとも考えられます。

こちらの事例では、お姉さんが協力的であり、しかも近所に住んでいて清算人を引き受けることができる状況であったことが幸いでしたが、本来であれば、自分に何かがあったときのことも考えて、事前に対策を講じておくのがベストだと思われます。残された会社や家族のことを考えての対処が必要です。

## ■会社が債務超過だった場合

社長が突然死した場合、もし会社が債務超過だったらどうなるでしょうか。

実際に、いわゆる一人親方（株式会社化していました）が亡くなり、ご家族が相談にこられたことがありました。こちらも、先ほどの事例と同様、ご家族が事業の実態がわからず、しかし、郵便類を見たところ、かなりの負債がありそうだとのことでした。

会社が事業資金を金融機関から借り入れている場合、社長が個人保証をしているのが通常です。さらに個人所有の自宅に抵当権を設定していることも珍しくありません。

一人社長の死亡により会社が事業を継続できず、しかもその会社が債務超過であった場合、主債務者である会社が借入金を返済できないため、金融機関は連帯保証人の地位を承継する社長の相続人に貸付金を請求します。相続人が借金の返済ができないと、最終的には抵当に入っている自宅を競売される可能性が高くなります。つまり、家族としては事業の実態がわからなくとも、社長が死亡したことにより会社が金融機関からの借金を返済できなくなると、自宅を失う可能性が出てくるわけです。これは、残された家族にとって大変な事態です。「なんとか自宅だけは残せないか」と相談されることもよくあります。

もちろん、後継者がいて事業を継続するあてがあれば、会社は借入金を返済計画に従って返済していけばよく、その間に金融機関と亡き社長の個人保証を次期社長に引き継いでもらう交渉をするなど方法があります。この場合は、遺族は自宅を失わずにすみます。または、後継者のあてがなかったとしても、会社が、社長の死亡時に備え、十分な保険に入っているなど対策を講じていれば、こちらも遺族が自宅を失うリスクは減るでしょう。

つまり、一人親方や一人会社の場合も、社長の死亡により、家族が事業の清算（破産を含む）に結果的に巻き込まれてしまうケースが少なくないのです。

特に、一人親方などの実質個人事業の場合、消費者金融や個人から借り入れをしていることもあります。そして、それを把握しているのは本人だけということもあり、突然死による影響と負担がご家族の方に降りかかることとなるのです。本来であれば、そこまで見越して何らかの対処をしておくべきです。

家庭で会社の話をするのは難しいかもしれませんが、もしもの対処を進めておくべきです。たとえ「一人親方」のような事業形態であっても、その必要性については同じなのです。

ちなみに、上記のご相談事例では、調査した結果、会社には大きな事業資金の借入はなく、個人所有の自宅には抵当権は設定されていませんでした。しかし、買掛金やリースなどの負債がかなりあったため、会社のみ破産手続きをとり、家族は破産しない方針をとりました。このような方針をとったのは、残された高齢の配偶者が住む自宅を確保するためです。相続人も会社と一緒に破産すれば、亡き社長が連帯保証していた負債も返さなくてよくなりますが、プラスの財産である自宅も手放さなければならなくなります。今回は、自宅を確保することを優先し、社長が個人保証をしていた負債については、家族が弁済することにしました。

事業承継を含む長い目で事業を捉えると、開業や成長だけでなく、最終的に会社をどうするのかまで考えることになります。そのような長期スパンの発想が、必要な準備や手続きを引き出すこともあります。

元気なうちはなかなか考えにくいかもしれませんが、できるだけ早期に「会社（事業）のその後」について考え、できることから対処してみてください。それが、経営者に必要な仕事の一つと言えます。

## 〈事例⑥〉

# 社長が突然死したものの、会社の売却に成功したケース

次の事例は、社長が突然死したものの、会社を第三者に売却（M&A）することができたケースです。この場合も、社長の相続人に時間をかけて動いてもらう必要がありました。

本件では、社長が亡くなった後、相続人として、配偶者と社長の甥・姪がおり（社長に子供がおらず、兄弟も既に亡くなっていたため、甥・姪が相続人となった）、配偶者は認知症で施設に入っていました。遺言はなく、自社株は全て亡き社長が保有していました。会社の業績は好調であり、従業員も数十人を抱えていました。そこで、甥が相続についての相談に来られ、「とにかく叔父の会社の従業員が路頭に迷わないようにしてほしい。自分は自分で事業をやっており、会社を継ぐことはできないが、お金のことは

どうでもいいので、従業員と、施設にいる叔母（亡き社長の配偶者）の生活を最優先に考えて欲しい」とのことでした。そこで、会社の役員の方とも相談し、まずは会社を通常通り営業しながら、M＆Aを検討することになりました。しかし、会社の業績が好調であるために株価もかなりの評価になった上、社長は不動産資産などもあったことから、相続税がかなりの額になり、これを社長の死後10ヶ月以内に納めなければいけないことから、あまり時間の猶予がありませんでした。しかし、役員の方も奔走してくれ、幸運なことに、同業者が買いたいと手を挙げてくれました。

買い手が見つかった理由はやはり「①会社の業績が好調であったこと」「②取り組んでいる事業の市場が成長していること」の二点だったと思います。また、社長以外の役員の方もおり、社長がいないと会社が回らないという状態ではなかったことも大きく寄与したと思います。これらの条件が備わっていればM＆Aもうまくいく可能性が高まります。

その他にも、何らかの特殊技術を有していたり、最先端のテクノロジーがあったり、あるいは協力的な取引先がいたりなど、様々なプラスの要因によってM＆Aがスムーズに進みやすくなります。

もっとも、こうした条件を備えている中小企業は限られていますので、将来的にM&Aを検討しているのであれば、そのための準備も含めた事業承継の取り組みに早期に着手することが大切です。

ただし、会社の業績や市場環境だけでM&Aがうまくいくわけではありません。なぜなら、残された相続人の間で意見が一致している必要があるからです。社長の遺産に含まれる自社株を売却するには、相続人全員の同意が必要です。本件では、相続人である配偶者が認知症で施設に入居していたため、遺産分割協議に参加する判断能力がなく、急いで家庭裁判所に専門職後見人（利害関係のない弁護士）の選任を申し立てました。そして、この後見人も事情を理解してくれ、甥や姪の意向と、会社の従業員のことを第一に考え、従業員の雇用継続を最優先に自社株の売却価格を決める方針に賛成してくれました。よって、スムーズにM&Aを実行することができました。

言い換えると、相続人の人たちが一枚岩になってM&Aに取り組めること。それによって、交渉等も滞りなく行えるようになります。とくにこのケースでは、相続人が配偶者と甥、姪の三人と少数だったことも成功の要因でした。もし、相続人が十人ぐらいいたら、なかなかこうはいきません。

## ■M&Aの成功を結果論にしないために

最終的に、会社はM&Aに成功し、新しいオーナーのもとで引き続き事業を継続しています。相続人としても、相続税の納税を含めて問題なく進められ、また従業員の雇用も守ることができました。

余談ですが、このケースでは、会社を売却できない場合のことも考えてシミュレーションしていました。買い手がつかなければ会社を解散し、従業員の方には退職していただく方向で検討していたのです。

相続人としては、どうしても相続税の問題があるため、どこかで見切りをつける必要があります。ここに、社長の死後の事業承継やM&Aの難しさがあります。

つまり、遺産の中に十分な金融資産がない限り、相続税の納税期限（被相続人の死後10ヶ月）までに株式の売却を終えることができる見通しがたたなければ、他の手を考えるしかありません。よって、実際には、様々な可能性を検討してどちらに転んでも対処できるように並行して動いていく必要があります。この10ヶ月という期間は意外に短いです。本件では幸運にもうまくいきましたが、M&Aの可能性があっても、時間的制約から諦めざるを得ないケースもあるのです。だからこそ、事前の準備が重要となります。

本件でも、納税等が全て終わった後、甥ごさんが「結果論としてはうまくいって良かったけど、本当は叔父さん（亡き社長）はどうしたかったんだろうと思うことがある」とおっしゃっていました。つまり、社長としては、会社がこれだけ大きくなっていた以上、自分の死後について何らかのプランがあったのではないか、しかし、それを誰も知らなかったために、M&Aという手段を取るしかなかったが、それが本当に亡き社長の希望だったのか、誰にも知るよしがないのです。このケースも、コンセプトの共有がなかったために、相続人（会社の経営にタッチしていない相続人）が一から考え、時間をかけて会社を守らなければならなかった事例とも言えます。

またこのケースでは、役員・従業員の方が相続人から株式を買い取るということも考えられますが、株価が高額になる場合はそれも難しいことが多いのが現状です。では、日頃から株価を下げる工夫をすればよい、という意見もありますが、それはそれで会社の本来の魅力をも下げてしまう可能性もあり、逆にM&Aの買い手が現れなくなるリスクもあります。

事業承継についてとりうる選択肢を多くしておくためには、会社がM&Aの対象になりうるだけの魅力を備えておくことは、やはり大事なのです。

そしてそのことに加えて、遺言をはじめとする最低限の準備や、事業承継に伴うコンセプトの共有やリーダー育成など、事前の活動をしておかないと、M&Aの成功も偶然に左右されることになってしまいます。

会社経営と同じように、事業承継や相続に関しても、不確定要素は多いです。その中で、どうすれば不測の事態に対処できるのかを考え、行動するためのスキルが、経営者の力量とも言えるかと思います。

事業承継の成功とは、そのような計画と行動が基礎になります。できることを着実に実践し、対処していくことが事業承継に必要な行動なのであり、その先にこそ、会社の成長や発展があるのです。

# おわりに

本書を最後までお読みいただき、誠にありがとうございました。事業承継におけるコンセプトの重要性やその設計に関する具体的な方法論、ひいては今後の対策へのヒントを提供できていたとしたら、著者としてとても嬉しく思います。

本文でも繰り返し述べてきたように、事業承継には種々様々な要素が絡んできます。だからこそ、単体で考えるのではなく、法人のあり方、現社長と後継者の思いや捉え方、法人を動かすために不可欠な有形・無形の資産など、それぞれをトータルで把握することが大切です。

会社にとって最も重要なのは、ゴーイング・コンサーンを実現していくことです。その点で考えると、事業承継もまた一つの局面にすぎません。続けていく前提があるからこそ、社長の交代があり、事業承継があり、中小企業の場合それに付随してオーナー経営者個人の相続問題も発生してくることとなります。

そうであれば、オーナー経営者（現社長）自身が率先して事業承継の準備を進めていくべきだとわかります。それができるのは現社長しかいないのです。「居場所がなくなる」とネガティブに考えるのではなく、現社長が思い描く会社の未来を実現するためにも、コンセプトを次世代と共有し、それに基づいて事業承継を成功させていただければと思います。

その過程においては、法律をはじめとする専門知識が必要になることもあるでしょう。そうしたときには、ぜひ外部の専門家を上手に活用してください。とくに、事業承継に詳しい専門家に頼ることが大事です。

とくに私自身としては、孤独になりがちな社長に寄り添い、常によき相談相手でいることを目指しています。より早く相談してもらえるようになれば、それだけ選択肢も増えますし、社長も十分考える時間をとることができますので、相談しやすい、話しやすい環境づくりを大切にしています。

本書でも様々な角度から見てきたように、事業承継の問題はその大半が〝準備不足〟に起因しています。それも、コンセプトが明確になっていないために、適切な準備ができていないことが最大の要因です。

ですので、本書をお読みいただいた方は、ぜひ一人で抱え込まずに早期に専門家に相談するよう心がけてください。特に中小企業の事業承継においては、多くの「利害関係人」や「感情」の問題を切り離して考えることは困難です。ぜひ、税金や資金面の問題のみならず、「人」や「感情」の面についても早くから専門家にご相談いただきたいと思います。私の経験でも、税金面の問題はクリアしたものの、後継者争いがきっかけでお家騒動に発展してしまい、社内が分裂してしまったケースもあります。また、その場ではお家騒動にはならなかったとしても、当事者の胸の中にわだかまりが残り、経営をしていく上で事あるごとに対立してしまうといったご相談を受けたこともあります。こういった事案をひとつでもなくしていきたいと思っています。

## ■経営にまつわる〝人〟の問題を解決するために

事業承継にかかわらず、「人」の問題は、経営者が抱える悩みの中でも上位に位置すると思います。よく、社長の悩みは「売上」「資金繰り」「人」の3つに集約されていると言われていますが、「人」のトラブルは「売上」や「資金繰り」にも影響することも少なくなく、また、感情が絡むために当事者が大きなストレスを感じやすい分野です。例えば、ハラスメントの問題や人材採用、あるいは定着率・離職率にも直結するコミュニケーション、生産性の課題など、これらは全て会社を取り巻く人と人との問題です。

そして、これらの「人」に関する問題は、事業承継と地続きでもあります。なぜなら、経営者が掲げる会社のコンセプトや戦略が採用や人事を左右しますし、また、事業承継時の社長交代が従業員に与える影響も非常に大きいためです。よって、コンセプトを策定し、共有していく上では、それらの点も含めた包括的な視点と対応が求められます。

これらの点も含めて、交渉のプロである弁護士をはじめ、複数の専門家が経営者を支えていくこと。それができてこそ、会社の成長と発展を盤石なものにできると私は考えています。問題が発生してからではなく、その前からできることはたくさんあります。

事実、私の場合であれば、弁護士資格に加えて、心理学の観点から経営を学ぶ「経営心理士」資格を保有するなど、社内外のコミュニケーション問題までサポートできるスキルを有しており、現在も多くの企業で研修を行ったり、社長の日々の従業員対応に関する悩み相談にも乗っています。そうした支援によって、社長のストレスを軽減し、裁判に発展するような問題を回避しつつ、経営を前に進めるお手伝いをしています。

中小企業の多くは、従業員の採用や離職の問題に頭を抱えていることと思います。それらに加えて、事業承継にも対処しなければならないとなると、負担はさらに大きくなります。そうした課題を総合的に解決するべき道筋をつけることこそ、私たちの仕事です。

残念ながら現在の日本においては、そういった分野の専門家がまだ少ないように思われます。ただ、事業承継や人の問題に対処する必要性については、少しずつ認識されつつあります。本書もまたそのためにあるのです。あとは、経営者や後継者の方が動きはじめることで、状況も変わってくることを期待しています。

事業承継を会社発展の契機にしつつ、事業を次世代へと引き継ぎ、経営者はもちろん従業員や顧客、取引先、ひいては社会全体を良くしていくこと。本書が、そのための一助になれたとしたら、著者として望外の幸せです。

memo

memo

［著者紹介］
**青代 深雪**（あおだい　みゆき）
新堂・松村法律事務所
弁護士
1997 年立教大学法学部卒業。2002 年第二東京弁護士会登録、牛島総合法律事務所入所。2009 年新堂・松村法律事務所入所、現在パートナー弁護士。企業法務と事業承継を中心に活動。大きなトラブルを未然に防ぐことを究極の目的として、企業からの相談に当たっている。業務内容は企業法務全般であり、事業承継問題の他、コンプライアンス問題や、労働問題、契約書のチェック、債権回収、取引先とのトラブル対応など多彩。
また、トラブルを未然に防ぐ活動の一環として、企業研修やセミナーにも注力している。

**事業承継はコンセプトが９割**
**次世代リーダーが活躍する組織を作る**

2024 年 4 月 20 日　初版第 1 刷発行

著　者　青　代　深　雪
発行者　延　對　寺　哲
発行所　株式会社　ビジネス教育出版社
〒102-0074　東京都千代田区九段南 4－7－13
TEL 03(3221)5361(代表)／FAX 03(3222)7878
E-mail ▶ info@bks.co.jp　URL ▶ https://www.bks.co.jp

印刷・製本／ダイヤモンド・グラフィック社
ブックカバーデザイン／飯田理湖　本文デザイン・DTP／ダイヤモンド・グラフィック社
編集協力：山中勇樹
落丁・乱丁はお取替えします。

ISBN978-4-8283-1015-2